Englisch
Konversation

Bisher sind in dieser Reihe erschienen:

- Englisch für den Beruf
- Englisch Konversation
- Englisch Korrespondenz
- Englisch telefonieren
- English Idioms
- Fremdwörter
- Knigge fürs Büro
- Rhetorik
- Selbstmanagement
- Social Networking
- Zeitmanagement

Weitere Titel sind in Vorbereitung.

© 2012 Compact Verlag GmbH München

Chefredaktion: Evelyn Boos
Redaktion: Jenny Ranft
Produktion: Johannes Buchmann
Titelabbildung: pressmaster, fotolia.de
Gestaltung: h3a GmbH, München
Umschlaggestaltung: h3a GmbH, München

ISBN 978-3-8174-8874-2
381748874/1

www.compactverlag.de

Vorwort

Business Update – Die Welt bleibt nicht stehen!

Die ständige Bereitschaft zur Weiterbildung ist im heutigen Berufsleben von herausragender Bedeutung. Nur so können Sie den Alltag im Büro professionell meistern und sich neue Karrieremöglichkeiten eröffnen. Dabei helfen die Bände der Reihe Business Update.

Die übersichtliche Gestaltung macht ein schnelles Nachschlagen problemlos möglich. Zahlreiche praktische Tipps helfen dabei, das neu erworbene Wissen unmittelbar umzusetzen.

In vielen Berufsfeldern wird es immer wichtiger, die englische Sprache sicher anzuwenden. Für die Kommunikation mit ausländischen Geschäftspartnern oder englischsprachigen Kollegen ist das Beherrschen der globalen Wirtschaftssprache Englisch unverzichtbar.

Daher bietet dieser Band alle wichtigen Redewendungen aus den Gebieten Unternehmen und Management, Personal und Verwaltung, Einkauf und Verkauf, Auftragsabwicklung sowie Rechnungswesen und Finanzen. Ebenso berücksichtigt das Business Update Englisch Konversation repräsentative berufliche Gesprächssituationen wie beispielsweise geschäftliche Besprechungen und gewährleistet so durch praxisnahe Beispiele eine eloquente Gesprächsführung.

Bilden Sie sich weiter! Mit diesem Buch machen Sie bereits den ersten Schritt. Und wenn Sie darüber hinaus andere Weiterbildungsmöglichkeiten in Angriff nehmen, wird dies für Ihre berufliche Zukunft nur von Vorteil sein.

Prof. Dr. Michael Heister
Bundesinstitut für Berufsbildung
Abteilungsleiter Förderung und Gestaltung der Berufsbildung

Inhaltsverzeichnis

Verzeichnis der Spezialseiten

1. Unternehmen und Management

1

1.1 Branchen und Unternehmensformen

We have invested heavily in the mining industry in South Africa.	Wir haben in großem Umfang in die Montanindustrie Südafrikas investiert.
Coal mines in Yorkshire provide much of Britain's coal.	Kohlenbergwerke in Yorkshire liefern einen großen Teil der britischen Kohle.
The North Sea oil industry has raised oil prices.	Die Nordseeölindustrie hat die Ölpreise erhöht.
The majority of our electricity comes from the coal-fired power station you drove past on your way here.	Der Großteil unserer Elektrizität kommt von dem Kohlekraftwerk, an dem Sie auf dem Weg hierher vorbeigefahren sind.
We are trying to close a deal with the nuclear power station nearby.	Wir versuchen einen Handel mit dem nahegelegenen Atomkraftwerk abzuschließen.
We buy our barley direct from several different farmers in the area.	Wir kaufen unsere Gerste direkt bei einigen Bauern aus der Gegend.
The agricultural crisis is effecting the brewing industry.	Die Agrarkrise wirkt sich in der Brauereiindustrie aus.
Our paper processing business is dependent upon the forestry industry.	Unsere Papier verarbeitende Industrie hängt von der Holzindustrie ab.
Our factory reprocesses fish by-products to produce fertilizer.	Unsere Fabrik verarbeitet Fischabfälle zur Produktion von Düngemitteln.
In the seventies, Maurice Motors was one of the most notable carmanufacturers in Europe.	In den 70er-Jahren war Maurice Motors einer der namhaftesten Autohersteller in Europa.

1

We have good business relations with the manufacturer of our components.	Wir haben gute Geschäftsbeziehungen mit dem Hersteller unserer Einzelteile.
Many of our manufactured articles are exported to other EU nations.	Viele unserer Fabrikate werden in andere EU-Staaten exportiert.
We are a long-established insurance company with many years' experience behind us.	Wir sind eine alteingesessene Versicherung mit langjähriger Erfahrung.
I think that the JA Bank can offer us the best deal for our company account.	Ich glaube, dass die JA Bank uns das beste Angebot für unser Firmenkonto machen kann.

INFO

Der Begriff „Unternehmer" ist ein typischer False Friend. Das englische Wort "undertaker" bezeichnet im Deutschen den „Leichenbestatter". „Unternehmer" ist mit "employer" oder "businessman" zu übersetzen. "Entrepreneur" bezeichnet einen sehr erfolgreichen Unternehmer mit ausgezeichnetem Geschäftssinn. Die geläufigsten Übersetzungen für das „Unternehmen" sind "company", "business" oder "enterprise".

The most successful mail order business in Britain for 2011 was Warmers Catalogues.	Das erfolgreichste Versandhandelsunternehmen in Großbritannien war 2011 Warmers Catalogues.
We have got in touch with the publishers regarding our "Millennium Catalogue".	Wir haben mit dem Verlag wegen unseres „Millennium Katalogs" Kontakt aufgenommen.
In our line of business, one must be prepared to move with the times.	In unserer Branche muss man darauf vorbereitet sein mit der Zeit zu gehen.
I need to get in contact with an accounting firm.	Ich muss mit einer Buchhaltungsfirma Kontakt aufnehmen.
The advertising company that we use has always produced satisfactory results in the past.	Die Werbefirma, mit der wir arbeiten, hat in der Vergangenheit immer zufriedenstellende Ergebnisse geliefert.

1

My firm of solicitors was founded in 1987.	Meine Anwaltskanzlei wurde 1987 gegründet.
I will have to consult my solicitor.	Ich werde meinen Anwalt konsultieren müssen.
As a marketing company, we feel that relations with our customers are important.	Wir glauben, dass für uns als Marketingunternehmen das Verhältnis zu unseren Kunden entscheidend ist.
Our firm of management consultants advises companies of ways to increase production through improved management.	Unsere Unternehmensberatungsfirma berät Unternehmen, wie sie ihre Produktion durch verbessertes Management steigern können.
Part of our service as a computer consultancy is free follow-up advice to customers, via e-mail.	Ein Teil unseres Services als EDV-Berater ist es, unseren Kunden anschließend umsonst per E-Mail Ratschläge zu geben.
We are considering referring the problem to an I.T. (Information Technology) consultancy firm.	Wir erwägen hinsichtlich dieses Problems eine EDV-Beratungsfirma hinzuzuziehen.
Our head office is in Liverpool.	Unser Hauptbüro ist in Liverpool.

INFO

"Headquarters" ist das englische Wort für Zentrale. Man findet es oftmals abgekürzt als "H.Q."

Our headquarters are located in Camberwell, London.	Unsere Zentrale ist in Camberwell in London.
We were considering sending you to our branch office in Chile for six months, Mrs. Richards.	Wir überlegen uns, Sie für sechs Monate in unsere Geschäftsstelle in Chile zu schicken, Frau Richards.
Our business began in the eighteenth century as a small group of craft traders.	Unser Unternehmen entstand im 18. Jh. aus einer kleinen Gruppe von Handwerkern.
Our family has been involved in this business for centuries.	Unsere Familie ist seit Jahrhunderten an diesem Unternehmen beteiligt.

1

Our ancestors were guildsmen in the middle ages.	Unsere Vorfahren waren im Mittelalter Mitglieder einer Zunft.
We are only a small enterprise.	Wir sind nur ein Kleinbetrieb.
Our company name plate until recently contained the family coat of arms.	Unser Firmenschild enthielt bis vor kurzem noch unser Familienwappen.
As a medium-sized enterprise, we are proud of our friendly working atmosphere.	Als mittelständischer Betrieb sind wir stolz auf unsere freundliche Arbeitsatmosphäre.
My father used to be the sole owner of our company.	Früher war mein Vater der Alleineigentümer unseres Unternehmens.
Our company name is a combination of the names of our co-founders.	Unser Firmenname ist eine Kombination der Namen der Mitbegründer.
Could I please speak to the proprietor?	Könnte ich bitte den Besitzer sprechen?
The factory owner is away on business.	Der Fabrikeigentümer ist geschäftlich unterwegs.
The parent company of the TEHV group is today an extremely profitable enterprise.	Die Muttergesellschaft der TEHV Gruppe ist heute ein enorm profitables Unternehmen.
Our holding company was founded in 1967.	Unsere Dachgesellschaft wurde 1967 gegründet.
Our company is based in Britain, but we have factories and outlets all over the world.	Unser Unternehmen hat seinen Unternehmenssitz in Großbritannien, aber wir haben Fabriken und Absatzgebiete auf der ganzen Welt.
We have branches all over the world.	Wir haben Filialen auf der ganzen Welt.
Our most important branches abroad are in Brazil and Mexico.	Unsere wichtigsten Auslandsniederlassungen sind in Brasilien und Mexiko.
They are one of the largest multinationals in the world.	Sie sind eines der größten multinationalen Unternehmen auf der ganzen Welt.

Our most notable agency abroad is based in Canada.	Unsere namhafteste Auslandsvertretung hat ihren Geschäftssitz in Kanada.
TEHV is a multinational group.	TEHV ist ein multinationaler Konzern.
The private sector in the USA is much stronger than the public sector.	Der private Sektor ist in den USA sehr viel stärker als der öffentliche Sektor.
We have only limited liability in the event of bankruptcy.	Im Falle eines Bankrotts übernehmen wir nur beschränkte Haftung.
SIDA is a private limited liability company.	SIDA ist eine Gesellschaft mit beschränkter Haftung.
We became a limited company in 1973 (US: incorporated company).	Wir wurden 1973 in eine Aktiengesellschaft umgewandelt.
I have sent our major share-holders our sales figures for 2011.	Ich habe unseren Großaktionären die Verkaufszahlen für 2011 geschickt.
The shareholders meeting is due to take place next week.	Die Aktionärsversammlung ist für nächste Woche geplant.
How many will attend the annual general meeting (AGM)?	Wie viele Teilnehmer wird die Jahreshauptversammlung haben?
Our company is a limited partnership.	Unser Unternehmen ist eine Kommanditgesellschaft.
He is a limited partner in AHB.	Er ist ein Kommanditist bei AHB.
May I introduce my general partner, Frank.	Darf ich Ihnen meinen Komplementär Frank vorstellen.
She is the youngest person ever to be made junior partner in the firm.	Sie ist die jüngste Person, die jemals Juniorteilhaber in unserem Unternehmen geworden ist.
Mr. Taylor is a silent partner in our business.	Mr. Taylor ist stiller Teilhaber an unserem Unternehmen.
We are considering going into partnership with ABC.	Wir überlegen uns, eine Partnerschaft mit ABC einzugehen.
Our trading partner has not been in contact regarding our factories in Africa.	Unser Handelspartner hat uns bisher nicht wegen unserer Fabriken in Afrika kontaktiert.

1

1

One of our subsidiaries (US: affiliates) is based almost wholly in the Far East.

Eine unserer Tochtergesellschaften ist fast ausschließlich im Nahen Osten ansässig.

INFO

In den USA nennt man eine Tochtergesellschaft "affiliate", in Großbritannien verwendet man dagegen das Wort "subsidiary". Das Wort "affiliate" bezeichnet im britischen Englisch keine Beziehung zwischen zwei Firmen, die rechtliche Gültigkeit hat, sondern nur eine etwas engere Zusammenarbeit.

AMV is a subsidiary (US: affiliate) of the TEHV Group.

AMV ist eine Tochtergesellschaft der TEHV Gruppe.

We are hoping to arrange a video conference in July with the managers of all our subsidiaries.

Wir hoffen, im Juli eine Videokonferenz mit den Leitern aller unserer Tochtergesellschaften abhalten zu können.

1.2 Unternehmensorganisation

The board of directors meets in the boardroom to discuss future strategies.

Die Direktion trifft sich im Sitzungssaal, um zukünftige Strategien zu besprechen.

I will have to bring the matter up in front of the supervisory board.

Ich werde das Thema vor dem Aufsichtsrat ansprechen.

Our production department employs thirty percent less people than in 1986.

Unsere Produktionsabteilung beschäftigt 30 Prozent weniger Leute als 1986.

Quality control is not satisfied with the standard of goods produced on the factory floor.

Die Qualitätskontrolle ist mit dem Standard der Güter, die in der Fabrikhalle produziert werden, nicht zufrieden.

Administration has been ploughing through red tape all week.

Die Verwaltung hat sich die ganze Woche lang durch den Amtsschimmel gegraben.

1

Our administration department has arranged an interview for you on Friday 22nd January.	Die Verwaltungsabteilung hat ein Bewerbungsgespräch für Sie am Freitag, den 22. Januar arrangiert.
The administration of our company has been improved considerably over the last few years.	Die Verwaltung unseres Unternehmens hat sich in den letzten Jahren erheblich verbessert.
Our administration department is having some difficulty coping with new European bureaucracy.	Unsere Verwaltungsabteilung hat einige Schwierigkeiten, mit der neuen europäischen Bürokratie zurechtzukommen.
Planning control is based at our headquarters in London. They have produced these planning figures regarding possible developments in East Asia.	Die Planungskontrolle ist in unserer Zentrale in London stationiert. Sie haben diese Planwerte für mögliche Entwicklungen in Ostasien erstellt.
The accounts department will deal with your query – I'll fax your details to them now.	Die Rechnungsabteilung wird sich um Ihre Anfrage kümmern – ich werde ihnen sofort die Einzelheiten Ihres Falles faxen.
Could you please take these calculations to accounts.	Könnten Sie bitte diese Berechnungen in die Rechnungsabteilung bringen.
Our cost accounting centre is on the second floor.	Unsere Kostenstelle ist im zweiten Stock.
Most of our budgetary planning is developed in our finance department.	Der Großteil unserer Budgetplanung wird in der Finanzabteilung entwickelt.
Only very large companies require a legal department.	Nur sehr große Unternehmen benötigen eine Rechtsabteilung.
Staff of the data processing division are taking part in a training course this morning.	Das Personal der EDV-Abteilung nimmt an dem Trainingskurs heute Morgen teil.
Most of our data processing takes place in our other building.	Ein Großteil der Datenverarbeitung findet in unserem anderen Gebäude statt.

1

Marketing is more important than ever in the highly competitive world of multinational business.

Marketing ist in der enorm wettbewerbsorientierten Welt des multinationalen Geschäfts wichtiger denn je zuvor.

The marketing department wishes to employ more staff to cope with their increasing workload.

Die Marketingabteilung möchte gerne mehr Personal einstellen, um mit der wachsenden Arbeitslast fertig zu werden.

Our marketing division is on the fifth floor of our main office building.

Unsere Marketingabteilung ist im fünften Stock in unserem Hauptgebäude.

Our advertising department has just completed our coming informercial; it will be screened on September the fifth.

Unsere Werbeabteilung hat gerade unsere neue Werbesendung fertiggestellt. Sie wird am 5. September ausgestrahlt.

Our publicity department is working on our new series of billboard advertisements.

Unsere Werbeabteilung arbeitet gerade an einer neuen Serie von Plakatwerbungen.

Our public relations department has suggested holding an open day to combat environmental objections from the public to our proposed expansion.

Unsere Public-Relations-Abteilung hat aufgrund unserer geplanten Expansion vorgeschlagen, einen Tag der offenen Tür abzuhalten, um Befürchtungen der Öffentlichkeit hinsichtlich der Umwelt entgegenzuwirken.

The sales department is on the second floor.

Die Vertriebsabteilung ist im zweiten Stock.

INFO

Marketing ist im Hinblick auf den globalen Wettbewerb einer der wichtigsten Bereiche der großen Unternehmen geworden. Viele der Begriffe aus diesem Bereich wie beispielsweise 'Public Relations' sind im Deutschen einfach aus dem Englischen übernommen worden.

Our salesroom was understaffed due to illness in January.

Unser Verkaufslokal war im Januar wegen Krankheit unterbesetzt.

1

The Board of Directors has been considering possibilities for expansion of our business into new areas.	Die Direktion hat die Möglichkeiten einer Expansion unseres Unternehmens in neue Bereiche abgewägt.
Our chairman has had connections to our company for many years.	Unser Vorsitzender hatte seit vielen Jahren Beziehungen zu unserer Firma.
The chairman of the board has called a meeting for next week.	Der Vorstandsvorsitzende hat ein Meeting für nächste Woche anberaumt.
The chairman of the supervisory board is on holiday (US: vacation) at present.	Der Aufsichtratsvorsitzende ist im Moment im Urlaub.
I believe she was delighted to receive the chairmanship.	Ich glaube, sie war sehr erfreut den Vorsitz zu erhalten.
Our managing director (US: chief executive officer) originally comes from Japan.	Unser Generaldirektor kommt ursprünglich aus Japan.
Our executives are currently in a meeting.	Unsere Verwaltung ist im Moment bei einem Meeting.
We need to make an executive decision as soon as possible.	Wir müssen so bald wie möglich eine geschäftsführende Entscheidung treffen.
The branch manager is currently away on business.	Die Filialleiterin ist im Moment geschäftlich unterwegs.
Her deputy can help you with any further enquiries.	Ihr Stellvertreter kann Ihnen bei weiteren Fragen helfen.
I think it would be more fitting if you spoke to the manageress regarding this matter.	Ich denke, es wäre angebrachter, wenn Sie diese Angelegenheit mit der Managerin besprechen würden.
The manager is in a meeting at present. The scheduling of his appointments is organised by his secretary (US: minister).	Der Geschäftsführer ist im Moment in einem Meeting. Die Terminplanung organisiert sein Sekretär.
Our production manager has been criticised for the inefficiency of production on the factory floor.	Unser Produktionsleiter ist für die Ineffizienz in der Fabrikhalle kritisiert worden.

1

Our purchasing manager is abroad visiting one of our component manufacturers.

Unser Einkaufsleiter ist im Ausland, um einen unserer Zulieferer zu besuchen.

Good morning, my name is Allen, John Allen – I'm the financial manager of JMC.

Guten Tag, mein Name ist Allen, John Allen – Ich bin der Finanzdirektor von JMC.

The accounts manager is out of the office this afternooon.

Der Leiter des Rechnungswesens ist heute Nachmittag nicht in seinem Büro.

Mrs. Adam is our accounting division manager.

Frau Adam ist die Leiterin unserer Buchhaltung.

Our public relations department has made several valid suggestions for the improvement of our firm's image.

Unsere Öffentlichkeitsabteilung hat einige sinnvolle Vorschläge zur Verbesserung unseres Firmenimages gemacht.

I would like to introduce the manager of our data processing division, Ms. Meyer.

Ich würde Ihnen gerne die Leiterin der EDV-Abteilung vorstellen, Ms. Meyer.

Our advertising manager is not available at present.

Unser Werbeleiter ist momentan nicht erreichbar.

Our office staff are based in the office block on our other site.

Unsere Bürokräfte sind in dem Bürogebäude auf unserem anderen Gelände.

We have two office juniors employed at present.

Wir haben im Moment zwei Bürogehilfen beschäftigt.

My secretary (US: minister) can deal with any further queries you might have.

Bei weiteren Fragen wird Ihnen mein Sekretär zur Verfügung stehen.

Clerical work is vital to the smooth running of our firm.

Büroarbeit ist entscheidend für das gute Funktionieren einer Firma.

At the moment, we have a temp secretary covering for Josephine's maternity leave.

Im Moment haben wir eine Aushilfe, die während Josephines Mutterschaftsurlaub für sie einspringt.

Our receptionist will direct you to our conference room.

Unsere Empfangsdame wird sie in den Konferenzraum bringen.

We have two stenographers working for us at the firm.

Wir haben zwei Stenografen in unserem Unternehmen beschäftigt.

I think we are slightly understaffed in respect of typists.

Ich denke, wir sind leicht unterbesetzt mit Schreibkräften.

We have called in a marketing consultant to help us in our decision-making within the department.

Wir haben einen Marketingberater eingeschaltet, um uns bei der Entscheidungsfindung in der Abteilung zu unterstützen.

We do not have an accounts department – we have our own accountant with an accounting firm based in London.

Wir haben keine Buchhaltungsabteilung, wir haben unseren eigenen Buchhalter bei einer Buchhaltungsagentur in London.

The firm has its own personal banker, whom we can contact if we have any problems.

Die Firma hat einen persönlichen Bankier, den wir kontaktieren können, wenn wir irgendwelche Probleme haben.

I would propose that we call in a management consultant.

Ich würde vorschlagen, dass wir einen Unternehmensberater hinzuziehen.

I have had my secretary contact the company solicitor (US: lawyer).

Ich hatte meinem Sekretär aufgetragen, den Firmenanwalt zu kontaktieren.

Have you met our middleman in South America, Mr. Tetley?

Kennen Sie unseren Zwischenhändler in Südamerika, Mr. Tetley?

One of our main distributors is due to meet the manager this afternoon.

Einer unserer Großhändler soll heute Nachmittag unseren Geschäftsführer treffen.

I have contacted a subcontractor for our latest building project.

Ich habe den Subunternehmer für unser neuestes Bauprojekt kontaktiert.

We need to contact a transatlantic shipping company to firm-up our transport costs.

Wir müssen eine Übersee-Reederei kontaktieren, um unsere Transportkosten abzustützen.

Our sales team is trying to find suitable suppliers for the new components in the USA.

Unser Vertriebsteam versucht, passende Lieferanten für die neuen Teile in den USA zu finden.

1

Our business structure has hardly changed at all over the past forty years.

Unsere Betriebsstruktur hat sich in den letzten 40 Jahren kaum verändert.

Many companies have been changing their pattern of organisation (US: organization) to move with the times.

Viele Unternehmen haben ihre Organisationsform gewechselt, um mit der Zeit zu gehen.

Old-fashioned strictly hierarchical business structures are often replaced by centre organisation (US: center organization) structures.

Altmodische hierarchische Geschäftsstrukturen werden oftmals durch die Center-Organisationsform ersetzt.

We have taken expert advice and decided against restructuring.

Wir haben Expertenrat eingeholt und uns gegen die Umstrukturierung entschieden.

Management consultancy firms are booming due to widespread industrial reorganisation.

Betriebsberatungsfirmen boomen wegen der weitverbreiteten Umorganisationen der Betriebe.

The board has decided in favour of centre organisation (US: center organization) for our firm. Our reorganisation will divide the company into divisions, each targeting a particular geographical area.

Die Direktion hat sich für die Centerorganisationsform in unserer Firma entschieden. Unsere Neuorganisierung wird das Unternehmen in Abteilungen gliedern, von denen jede für eine bestimmte geografische Gegend zuständig ist.

My colleagues are very interested in introducing matrix organisation (US: organization) to our firm.

Meine Kollegen sind sehr interessiert daran, die Matrixorganisation in unserem Unternehmen einzuführen.

False Friends – Watch out!

Diese Begriffe können leicht verwechselt werden.

False Friend	True Friend	Beispiel
to fabricate → erfinden, ausdenken ≠ fabrizieren	1. to manufacture 2. to produce	*Those chairs have been designed and manu-* *factured by a group of art students.* Diese Stühle wurden von einer Gruppe Kunst- studenten entworfen und hergestellt.
justice → Gerechtigkeit ≠ Justiz	legal authorities	*The legal authorities passed a new law.* Die Justizbehörden erließen ein neues Gesetz. oder: *The legal authorities work slowly.* Die Justizbehörden arbeiten langsam.
caution → Vorsicht ≠ Kaution	1. bail 2. deposit	*After two weeks he could leave prison on bail.* Nach zwei Wochen konnte er das Gefängnis gegen Kaution verlassen.
concurrence → Einverständnis, Mitwirkung ≠ Konkurrenz	competition	*This is the only company in this sector, there* *is no competition.* Dies ist die einzige Firma in diesem Bereich, es gibt keine Konkurrenz.
concept → Begriff, Idee ≠ Konzept	1. draft 2. plan	*Before writing the play, the author makes* *a draft.* Bevor er das Stück schreibt, erstellt der Autor ein Konzept.
concern → Belang, Anliegen ≠ Konzern	1. (corporate) group 2. affiliated group	*I work in a big corporate group that sells* *computers all over the world.* Ich arbeite in einem großen Konzern, der weltweit Computer verkauft.
provision → Versorgung, Vorkehrung ≠ Provision	commission	*The broker receives a commission for each* *house sold.* Der Makler erhält für jedes verkaufte Haus eine Provision.

INFO

2. Personal und Verwaltung

Staff retraining is necessary following modernisation of production methods.

Eine Personalumschulung ist seit der Modernisierung unserer Herstellungsmethoden notwendig geworden.

We have informed all members of staff that a meeting will take place in the conference room.

Wir haben alle Mitglieder des Personals informiert, dass ein Meeting im Konferenzraum stattfindet.

Can we have a copy of the minutes of the meeting posted in all departments, please?

Können wir eine Kopie des Protokolls des Meetings an alle Abteilungen verschickt bekommen, bitte?

I have sent an e-mail to all our office staff informing them of the power cut on Tuesday.

Ich habe unserem gesamten Büropersonal eine E-Mail geschickt, die sie über den Stromausfall am Dienstag informiert.

2.1 Bewerbungen

During April, it became apparent that we had severe staff shortages.

Im April wurde es klar, dass wir einen ernsthaften Personalmangel hatten.

We are hoping to take on two new members of staff with degrees in business administration.

Wir hoffen, zwei neue Mitarbeiter mit Abschlüssen in Betriebswirtschaftslehre einzustellen.

We advertised our vacancy for deputy manager in the Herald.

Wir haben unsere freie Stelle für einen stellvertretenden Geschäftsführer im Herald inseriert.

I have informed the job centre (UK) of our vacancies.

Ich habe das Arbeitsamt über unsere offenen Stellen informiert.

We have designed our advert for the Financial Times.

Wir haben ein Inserat für die Financial Times entworfen.

2

The personnel manager has instructed his secretary to publish the position in the national newspapers.	Der Personalleiter hat seinen Sekretär angewiesen, die Stelle in einer überregionalen Tageszeitung auszuschreiben.
We have received hundreds of applications for the post.	Wir haben hunderte Bewerbungen für die Stelle erhalten.
I would like to apply for the position of ...	Ich möchte mich um die Stelle als ... bewerben.
I think we should interview this candidate – her C.V. (curriculum vitae) looks very promising.	Ich denke, wir sollten mit dieser Bewerberin ein Gespräch führen – ihr Lebenslauf sieht sehr vielversprechend aus.
This applicant, if his résumé is anything to go by, has all the qualities we are looking for.	Dieser Bewerber hat alle Eigenschaften, nach denen wir gesucht haben, wenn man auf den Lebenslauf etwas geben kann.
During the first stage of our recruitment procedure, reading application documents, we reject over fifty percent of applicants.	Während der ersten Phase des Einstellungsverfahrens, nach dem Lesen der Bewerbungsunterlagen, lehnen wir über 50% der Bewerber ab.
We would like to offer you the position of chief secretary here at JMC.	Wir möchten Ihnen gerne die Stelle als Chefsekretärin bei JMC anbieten.
We feel that you will make a valuable contribution to our finance division.	Wir glauben, dass sie einen wertvollen Beitrag zu unserer Finanzabteilung leisten werden.
We will prepare a contract of employment for signing by the end of the week.	Wir werden einen Arbeitsvertrag unterschriftsreif für das Ende der Woche vorbereiten.
We offer a comprehensive package for our sales employees – a company pension, company car and an expense account.	Wir bieten ein umfassendes Paket für all unsere Verkaufsangestellten – Pension, Firmenwagen und Spesenkonto.
The recruitment of new staff is particularly difficult this year.	Die Anwerbung neuen Personals ist dieses Jahr besonders schwierig.
Staff changes are necessary.	Ein Personalwechsel ist notwendig.

2

2.2 Arbeitszeiten

What kind of working hours would the job entail?

Was für Arbeitszeiten würde der Job beinhalten?

As a secretary, we would employ you to work Monday to Friday, office hours.

Als Sekretär würden wir Sie von Montag bis Freitag zu den normalen Dienststunden beschäftigen.

INFO

Arbeitszeiten sind im englischsprachigen Raum anders geregelt als in Deutschland. Der Tag fängt normalerweise um neun an und hört um halb sechs auf, mit einer halben Stunde Pause zum Mittagessen, normalerweise zwischen eins und zwei. Die Arbeitszeiten werden im Allgemeinen nicht ganz so flexibel gehandhabt wie in Deutschland.

We cannot offer this position as anything other than a full-time job.

Wir können Ihnen diese Stelle nur als Ganztagsstellung anbieten.

We have introduced a degree of flexitime in our office, but the majority nevertheless work nine to five.

Wir haben ein gewisses Maß an Gleitzeit eingeführt, aber die meisten arbeiten trotzdem von neun bis fünf.

Our employees have different working schedules according to their personal preferences and the nature of their work.

Unsere Angestellten haben verschiedene Arbeitszeitpläne, die von ihren persönlichen Vorlieben und der Art ihrer Arbeit abhängen.

We could offer you a part-time position.

Wir können Ihnen eine Teilzeitstelle anbieten.

All our factories base their production on shift work.

Alle unsere Fabriken verlassen sich bei der Produktion auf Schichtarbeit.

The afternoon shift has been producing consistently less than the morning shift this week.

Die Nachmittagsschicht hat diese Woche durchgehend weniger produziert als die Frühschicht.

When you arrive in the morning, you must clock on.

Wenn Sie morgens ankommen, müssen Sie einstempeln.

2

We are finding it difficult to find enough people to work the night shift.

Es ist schwierig für uns, genügend Leute zu finden, die während der Nachtschicht arbeiten.

Don't forget to clock off for lunch and on your way out in the evening.

Vergessen Sie nicht auszustempeln, wenn Sie zum Mittagessen oder nach Hause gehen.

2.3 Lohn und Gehalt

Your salary will be paid on the fifteenth of each month.

Ihr Gehalt wird zum 15. jeden Monats bezahlt.

If your promotion is agreed within the department, you will receive a salary increase.

Wenn Ihrer Beförderung in der Abteilung zugestimmt wird, dann werden Sie eine Gehaltserhöhung bekommen.

Our managerial team are all in the same salary bracket.

In unserem Direktionsteam sind alle in einer Gehaltsgruppe.

Staff in our distribution department are not all salaried.

Nicht das ganze Personal in unserer Vertriebsabteilung ist fest angestellt.

If you do go on the business trip with Mr. Allen, we will pay all your expenses.

Wenn Sie mit Mr. Allen auf Geschäftsreise gehen, werden wir die Spesen übernehmen.

Have you received your travelling expenses for the trip to Britain?

Haben Sie Ihre Reisespesen für die Reise nach Großbritannien bekommen?

Does your secretary receive a wage or a salary?

Bekommt Ihre Sekretärin einen Lohn oder ein Gehalt?

Our workers can collect their wages on Friday afternoons.

Unsere Arbeiter können ihren Lohn freitags abholen.

Your wages will be paid every second week.

Ihr Lohn wird vierzehntägig bezahlt.

We have awarded all our office staff a pay rise (US: pay raise) as from this week.

Wir haben unserem gesamten Büropersonal von dieser Woche an den Lohn erhöht.

2

We have reached a wage agreement with our unskilled labour force.	Wir haben eine Lohnvereinbarung mit unseren ungelernten Arbeitskräften getroffen.
Is Friday pay-day?	Ist am Freitag Zahltag?
What is the wage scale within your company?	Welchen Lohntarif haben Sie in Ihrem Unternehmen?
The tax on earnings for Miss Walker has been miscalculated.	Die Ertragssteuer von Frau Walker ist falsch berechnet worden.
All our factory employees work two weeks in hand.	All unsere Fabrikarbeiter arbeiten zwei Wochen im Voraus.
Did you work any overtime last week?	Haben Sie letzte Woche Überstunden gemacht?
Overtime for your shift is paid time and a half before midnight.	Überstunden werden bei Ihrer Schicht vor Mitternacht mit 150 Prozent bezahlt.

INFO

Das 13. Monatsgehalt/Weihnachtsgeld kommt im englischsprachigen Raum viel seltener vor als in Deutschland.

If you do want to work the night shift, you'll receive double time after midnight.	Wenn Sie die Nachtschicht arbeiten wollen, bekommen Sie doppelten Lohn nach Mitternacht.
We pay our workers an hourly wage.	Wir bezahlen unsere Arbeiter nach Stunden.
Although we obviously don't pay wages in kind our workers often take surplus produce home with them.	Obwohl wir natürlich keinen Naturallohn bezahlen, nehmen unsere Arbeiter doch oftmals überschüssige Produkte mit nach Hause.
Have you received your bonus?	Haben Sie Ihre Sondervergütung erhalten?
We pay our sales staff a commission bonus for every sale they make, but we also pay them a basic salary.	Wir bezahlen unserem Verkaufspersonal eine Provision für jeden Verkauf, aber wir zahlen ihnen auch ein Grundgehalt.

Many of our sales staff earn on commission basis only.	Ein Großteil unseres Personals verdient nur auf Provisionsbasis.
Although piece work is becoming out-dated in Europe, our factory workers in India are paid a piece-work wage.	Obwohl Akkordarbeit in Europa aus der Mode kommt, bekommen unsere Arbeiter in Indien einen Akkordlohn.

2.4 Betriebsklima

Do you think we could try to work in the office with a little less noise?	Könnten wir nicht versuchen, die Arbeit im Büro etwas leiser zu gestalten?
Would it be possible to complete the project by Wednesday?	Wäre es möglich, das Projekt bis Mittwoch fertig zu machen?

INFO

Ein höflicher Umgang ist essenziell für ein gutes Betriebsklima. Im Englischen wird noch sehr viel häufiger als im Deutschen aus Höflichkeit ein Befehl mit einer Frage umschrieben.

Mr. Buttercup, could you kindly refrain from making such comments during working hours?	Herr Buttercup, könnten Sie es bitte unterlassen, solche Kommentare während der Arbeitszeit zu machen?
Would it be possible for us to discuss this in my office?	Wäre es möglich, dass wir das in meinem Büro besprechen?
Anthony, could you make sure that my correspondence is posted this afternoon?	Anthony, könntest du bitte sicherstellen, dass meine Korrespondenz heute Nachmittag rausgeht?

INFO

Im englischsprachigen Raum ist der Umgangston zwischen den Mitarbeitern oftmals weniger formal als in Deutschland. Es ist normal, dass man sich innerhalb einer Firma mit dem Vornamen anspricht.

2

I don't want to ask you again, Alan, to remain at your post at all times during the shift.	Alan, ich möchte dich nicht nochmal darum bitten müssen, während der Schicht immer auf deinem Posten zu bleiben.
Might I have a word with you regarding this matter, John?	John, könnte ich dich mal kurz in dieser Angelegenheit sprechen?
How are you enjoying your internship with us, Rachel?	Wie gefällt dir dein Praktikum bei uns, Rachel?
We hope you'll find our company a suitable place of employment.	Wir hoffen, in unserer Firma einen geeigneten Arbeitsplatz für Sie zu finden.
It is important to us that all members of staff obtain job satisfaction from their work.	Es ist sehr wichtig für uns, dass all unsere Angestellten mit ihrer Arbeit zufrieden sind.
As employers, it is important for us that our workers develop a team spirit.	Als Arbeitgeber ist es sehr wichtig für uns, dass unsere Arbeiter Teamgeist entwickeln.
Personell have been doing all they can to encourage greater worker participation.	Die Personalabteilung hat alles getan, um eine stärkere Arbeitnehmerbeteiligung zu fördern.
Many of our employees have been working with us for many years.	Viele unserer Arbeitnehmer sind schon seit Jahren bei uns beschäftigt.
We must ensure that we maintain standards of working conditions and human relations.	Wir müssen sicherstellen, dass der Standard unseres Betriebsklimas erhalten bleibt.
We have to consider managing our manpower more efficiently than previously.	Wir müssen erwägen, unser Potenzial an Arbeitskraft intensiver als bisher zu verwalten.
JMC has always been a performance-oriented company.	JMC waren schon immer ein leistungsorientiertes Unternehmen.
We like to be considered fair employers.	Wir möchten als faire Arbeitgeber eingeschätzt werden.
I think that mismanagement has resulted in our present problems.	Ich denke, dass das Missmanagement unsere jetzigen Probleme verursacht hat.

2

Labour relations (US: labor) are the worst they've been for several years.	Die Beziehungen zwischen Arbeitgeber und Arbeitnehmer in den Firmen sind die schlechtesten seit einigen Jahren.
We are struggling to settle the present trade dispute in Asia; the workers are demanding that we introduce a higher piece rate.	Wir tun uns schwer, den momentanen Arbeitskampf in Asien zu beenden. Die Arbeiter verlangen, dass wir einen höheren Leistungslohn einführen.
The reduction of staff in October was unavoidable in the face of falling turnover.	Der Personalabbau im Oktober war angesichts des fallenden Umsatzes unvermeidbar.
Our workers have voiced strong objections to piece work pay.	Unsere Arbeiter haben großen Widerstand gegen den Stücklohn zum Ausdruck gebracht.
He has threatened to give his notice.	Er hat gedroht zu kündigen.
There has not been a general strike for many years in the UK.	In Großbritannien gab es seit vielen Jahren keinen Generalstreik mehr.
The workers of Maurice Motors have begun a go-slow to protest against lay offs.	Die Arbeiter von Maurice Motors haben einen Bummelstreik begonnen, um gegen die Entlassungen zu protestieren.

INFO

Genauso wie im Deutschen versucht man auch im Englischen, sensible Themen meist zu umschreiben. Muss man beispielsweise Leute entlassen, so versucht man, das zumindest mit Feingefühl zu tun.

There have been increasing demands for a fair minimum wage in the UK.	In Großbritannien hat es immer lautere Forderungen nach einem fairen Mindestlohn gegeben.
We have agreed to the demands of the trade union (US: labor union) with one proviso – that they return to work.	Wir sind übereingekommen, die Forderungen der Gewerkschaft zu erfüllen, unter dem Vorbehalt, dass sie wieder zu arbeiten beginnen.

2

I'm afraid that we're going to have to let you go, George.	Es tut mir leid, George, aber wir werden Sie gehen lassen müssen.
Your work has simply not been up to scratch over the past months.	Ihre Arbeit hat in den letzten Monaten einfach nicht unseren Erwartungen entsprochen.
I'm afraid we find your consistent lateness and absenteeism to be something of a problem.	Ich bedauere, aber Ihr ständiges Zuspätkommen und Ihr unentschuldigtes Fernbleiben finden wir etwas problematisch.
Your absence rate is consistently the highest in the department.	Ihre Fehlzeitenquote ist dauernd die höchste der ganzen Abteilung.
We have to consider laying off some staff.	Wir müssen erwägen, etwas Personal zu entlassen.
I have given him his notice.	Ich habe ihm gekündigt.
We have given your case serious consideration and we have no alternative than to ask you to leave.	Wir haben lange über Ihren Fall nachgedacht und es bleibt uns keine andere Wahl, als Sie zu bitten uns zu verlassen.
Your reputation seems to indicate that you are something of a floater.	Ihr Ruf scheint anzudeuten, dass Sie etwas von einem Springer haben.
We have made fifty workers redundant.	Wir haben 50 Arbeitsplätze abgebaut.
We have recently dismissed our chief accountant, for fraudulent activities.	Wir haben neulich unseren Chefbuchhalter wegen betrügerischer Aktivitäten entlassen.
That's it – you're fired!	Sie sind gefeuert!
We have given her the sack.	Wir haben sie rausgeworfen.
We should have given him the boot years ago.	Wir hätten ihn schon vor Jahren vor die Tür setzen sollen.
She has been given her cards.	Sie hat ihre Entlassungspapiere bekommen.
I've given them six weeks notice.	Ich habe ihnen eine sechswöchige Frist gegeben.
I quit my job because I didn't enjoy working in that kind of atmosphere.	Ich kündigte meinen Job, weil es mir keinen Spaß machte, in dieser Atmosphäre zu arbeiten.

2

I resign – I cannot work under such conditions.	Ich höre auf. Unter diesen Umständen kann ich nicht arbeiten.
I tendered my resignation on Monday.	Ich habe am Montag meine Kündigung eingereicht.

INFO

Konflikte laufen gewöhnlich in vier Phasen ab:

➡ Verschiedene Standpunkte:
Die beteiligten Parteien verleihen ihren komplett unterschiedlichen Meinungen Ausdruck.

➡ Emotionen kommen ins Spiel:
Anzeichen sind Unterstellungen und verallgemeinerte Kritik, die an die Stelle einer sachlichen Diskussion treten.

➡ Die Situation eskaliert:
Weicht die Kritik persönlichen Beleidigungen, ist diese Phase erreicht. Weitere typische Signale sind die Suche nach Verbündeten und das Androhen von Konsequenzen.

➡ Verhärtete Fronten:
Der Höhepunkt eines Konflikts gibt sich dadurch zu erkennen, dass weder Gesprächs- noch Lösungsbereitschaft vorhanden sind. Drohungen werden in die Tat umgesetzt.

Deshalb sollten Sie sich um ein sachliches Konfliktmanagement bemühen und emotionale Aspekte konsequent ausblenden.

Englische Geschäftskorrespondenz (1)

Angebot

Ein Angebot soll den Empfänger eindeutig und klar über die Art, Menge und Qualität der Waren, Preise (gegebenenfalls Rabatte oder andere Preisnachlässe) sowie Liefer- und Zahlungsmodalitäten informieren.

Subject: Your Enquiry of July 13, 2012

Dear Ms Autumn:

Thank you for your letter and your interest in our handmade cardigans "Highlands".

Our company stands for exellent quality embodying the traditional style and comfort of Scottish knitwear. The cardigans you are interested in are among our best-selling items and enjoy an outstanding reputation troughout the world.

In order to enable you a better understanding of the quality and nature of the goods, we are enclosing an detailed brochure giving information about the raw materials as well as the processing techniques used.

The price per item is £ 100 quoted FOB German port. Bulk discounts are available upon request. Deliveries can be made within a fortnight after receipt of order.

Payment is to be effected within 10 days from receipt of the goods. We grant an early payment discount of 3 %. For further information in this regard please refer to our General Terms of Business which we are enclosing for your convenience.

Hoping to receive your order soon

Yours sincerely

Arthur McPierce   Encs.

Ihre Anfrage vom 13. Juli 2012

Sehr geehrte Frau Autumn,

vielen Dank für Ihr Schreiben und Ihr Interesse an unseren handgefertigten Strickjacken „Highlands".

Unser Unternehmen steht für ausgezeichnete Qualität, die zudem den traditionellen Stil und Komfort schottischer Strickwaren vereint. Die Strickjacken, für die Sie sich interessieren, gehören zu unseren meist verkauften Artikeln und genießen einen herausragenden Ruf auf der ganzen Welt.

Um Ihnen ein besseres Verständnis der Qualität und Art der Ware zu vermitteln, legen wir eine exklusive Broschüre mit Informationen über die verwendeten Rohstoffe sowie Verarbeitungsmethoden bei.

Der Stückpreis liegt bei £ 100 FOB ab deutschem Hafen. Die Möglichkeit eines Mengenrabatts besteht auf Anfrage. Die Lieferung ist innerhalb von 14 Tagen nach Auftragseingang möglich.

Die Zahlung hat innerhalb von 10 Tagen nach Erhalt der Waren zu erfolgen. Wir gewähren ein Schnellzahler-Skonto von 3 %. Bezüglich weiterer Informationen in diesem Zusammenhang dürfen wir Sie auf unsere allgemeinen Geschäftsbedingungen, die wir zum gefälligen Gebrauch beilegen, verweisen.

Wir würden uns freuen, bald einen Auftrag von Ihnen zu erhalten.

Mit freundlichen Grüßen

Arthur McPierce   Anlagen

INFO

3. Einkauf und Verkauf

3

3.1 Anfragen

We visited your stand at the Frankfurt fair last week.	Wir haben letzte Woche Ihren Stand auf der Frankfurter Messe besucht.
We saw your advertisement in the latest edition of ...	Wir haben Ihre Anzeige in der aktuellen Ausgabe von ... gesehen.
The British Chamber of Commerce was kind enough to pass on the name and address of your company.	Die britische Handelskammer hat uns freundlicherweise den Namen und die Adresse Ihrer Firma gegeben.
We have previously bought material from your competitors, but they are presently having difficulties with their production.	Wir haben früher Material von Ihren Konkurrenten gekauft, aber sie haben zurzeit Produktionsschwierigkeiten.
We see a good opportunity to sell your products here on the German market.	Wir sehen gute Chancen, Ihre Produkte hier auf dem deutschen Markt zu vertreiben.
We would be interested in notebooks. Do you stock such items?	Wir sind an Notizbüchern interessiert, führen Sie solche Artikel?
At the show in New York you let us have some samples; we would now like to receive your offer for...	Auf der Messe in New York haben Sie uns einige Muster mitgegeben; wir würden jetzt gerne Ihr Angebot über ... erhalten.
Please send us a detailed offer based on ...	Bitte schicken Sie Ihr detailliertes Angebot auf der Basis von ...
We would need an offer for shipments ex works including price and present lead time.	Wir benötigen ein Angebot für Lieferungen ab Werk einschließlich Preisen und aktueller Lieferzeit.
Please quote on basis of a regular monthly quantity of 500 kg.	Bitte machen Sie Ihr Angebot auf der Basis einer regelmäßigen monatlichen Menge von 500 kg.

Do you offer a discount for large quantities?	Gewähren Sie Mengenrabatte?
We would appreciate you letting us have a company brochure and some samples showing your product range.	Wir wären Ihnen sehr dankbar, wenn Sie uns eine Firmenbroschüre und einige Muster Ihrer Produktpalette zukommen lassen würden.
Are you presently represented on the Japanese market?	Werden Sie zurzeit im japanischen Markt vertreten?
Looking forward to receiving your offer.	In Erwartung Ihres Angebotes.
Do you have the following material in stock: ...?	Haben Sie folgendes Material auf Lager: ...?
We have received an enquiry for two bottles of item 4379, is this presently available?	Wir haben eine Anfrage für zwei Flaschen vom Artikel 4379 erhalten, ist er zurzeit vorrätig?
Yes, this could be dispatched immediately.	Ja, wir könnten ihn sofort verschicken.
No, I'm sorry, we're completely out of this item at the moment.	Nein, tut mir leid, wir haben diesen Artikel im Moment nicht mehr auf Lager.
We will have this item ready for dispatch by the beginning of next week.	Dieser Artikel wird bis Anfang nächster Woche wieder lieferbar sein.

INFO

In Großbritannien und in den USA wird noch in englischen Maßen gerechnet, obwohl sich das metrische System mehr und mehr durchsetzt. Siehe auch die Umrechnungstabellen für Maße im Anhang auf S. 141f.

Do you supply item 776 in 50-kg packets?	Liefern Sie Artikel 776 in 50-kg-Packungen?
Could you let us have the following samples?	Könnten Sie uns bitte die folgenden Muster zukommen lassen?
Yes, I'll make sure they are put in the post this afternoon.	Ja, ich werde dafür sorgen, dass sie heute Nachmittag mit der Post weggeschickt werden.

3

I only have the samples in brown. Would this be acceptable?	Ich habe die Muster nur in Braun, wäre das akzeptabel?
I'll have to check first whether we can accept this.	Ich muss zuerst überprüfen, ob wir das annehmen können.
Do you have any special items that you would like to clear?	Haben Sie irgendwelche Sonderartikel, die Sie räumen möchten?
We would be very interested in regularly receiving advertisements concerning special offers.	Wir wären sehr daran interessiert, regelmäßig Anzeigen über Sonderangebote zu erhalten.
Please leave your e-mail address and I will put you on our mailing list.	Bitte hinterlassen Sie Ihre E-Mail-Adresse und ich werde Sie auf unsere Mailingliste setzen.

3.2 Angebote

Last week you visited our stand at the Cologne fair and expressed interest in our products.	Letzte Woche haben Sie unseren Stand auf der Kölner Messe besucht und Interesse an unseren Produkten bekundet.
We noticed your advert (US: ad) in the latest edition of ...	Wir haben Ihre Anzeige in der letzten Ausgabe von ... gesehen.
You were advertising for partners on the European market.	Sie haben für Partner im europäischen Markt inseriert.
Thank you for your interest.	Vielen Dank für Ihr Interesse.
We would first of all like to tell you something about our company.	Wir würden Ihnen zuerst gerne ein bisschen über unsere Firma erzählen.
We are pleased to hear of your interest in our products, but would like more information as to your specific needs.	Wir haben uns über Ihr Interesse an unseren Produkten gefreut, möchten aber genauere Informationen über Ihre speziellen Anforderungen.
We will then be in a position to make an offer based on the required application.	Wir werden dann in der Lage sein, Ihnen ein Angebot basierend auf der gewünschten Anwendung zu machen.

Should we base our offer on full shipments or on smaller quantities?	Sollen wir auf der Basis von vollen Sendungen oder kleineren Mengen anbieten?
The present lead time is ex works three weeks after receipt of firm order.	Die aktuelle Lieferzeit ab Werk beträgt drei Wochen nach Erhalt des verbindlichen Auftrages.
At the moment there is a tremendous increase in raw material prices, but I'm sure that we can agree on a price.	Zurzeit steigen die Rohstoffpreise enorm an, aber ich bin sicher, dass wir uns preislich einigen können.
We offer a quantity discount if the annual quantity exceeds 50 units.	Wir bieten einen Mengenrabatt an, falls mehr als 50 Einheiten pro Jahr gekauft werden.
All our prices are quoted in euro.	Alle Preise sind in Euro errechnet.
Our general payment term for overseas business is Letter of Credit, less 3% discount, or cash in advance.	Unsere allgemeinen Zahlungsbedingungen für Auslandsgeschäfte lauten gegen Akkreditiv, abzüglich 3 % Skonto, oder Vorauskasse.
We would of course be delighted to send you our company brochure and some samples.	Wir würden Ihnen natürlich gerne eine Firmenbroschüre sowie einige Muster zusenden.
We will confirm this by fax.	Wir werden dies per Fax bestätigen.
We are pleased to offer as follows:	Wir bieten Ihnen folgendes an:
All our prices are to be understood FOB German port including packing.	Unsere Preise verstehen sich FOB deutscher Hafen einschließlich Verpackung.

INFO

FOB steht für „Free on Board". Transportkosten werden vom Auftraggeber übernommen, bis die Ware an Bord des Schiffes ist. Die restlichen Frachtkosten werden vom Auftragnehmer übernommen.

These prices are based on a minimum quantity of 50 units per order.	Diese Preise basieren auf einer Mindestabnahmemenge von 50 Stück pro Auftrag.

3

For CIF (cost, insurance, freight) deliveries we would have to charge an extra 10% on list price.	Für CIF (Kosten, Versicherung, Fracht) Lieferungen müssen wir einen Aufschlag von 10 % auf den Listenpreis berechnen.
We hope that we have made you a favourable offer and look forward to hearing from you.	Wir hoffen, Ihnen ein günstiges Angebot gemacht zu haben, und würden uns freuen, von Ihnen zu hören.
Please visit our homepage. You can find our latest price lists there.	Bitte besuchen Sie auch unsere Homepage. Hier finden Sie unsere aktuellsten Preislisten.
This offer is subject to availability.	Dieses Angebot gilt, solange der Vorrat reicht.
Please advise whether this offer is of interest to you.	Würden Sie uns bitte mitteilen, ob dieses Angebot für Sie von Interesse ist.

3.3 Neuheiten

We are pleased to announce that this item is now available in three different new versions.	Wir freuen uns, Ihnen mitzuteilen, dass dieser Artikel jetzt in drei neuen Ausführungen lieferbar ist.
We have developed a new series of machines for the cleaning industry.	Wir haben eine neue Reihe von Maschinen für die Reinigungsindustrie entwickelt.
We have updated our existing technology.	Wir haben unsere jetzige Technologie auf den neuesten Stand gebracht.
We are in the process of developing a new cleaning system.	Wir sind gerade dabei, ein neues Reinigungssystem zu entwickeln.
We have adjusted our machines to better suit the present market requirements.	Wir haben unsere Maschinen geändert, um den aktuellen Anforderungen am Markt besser zu entsprechen.
Would you be interested in seeing some brochures about this material?	Wären Sie daran interessiert, einige Broschüren über dieses Material zu sehen?

Should we send some with your next order?	Sollen wir Ihnen einige mit Ihrem nächsten Auftrag schicken?
We have now appointed a salesman to concentrate on your part of the country.	Wir haben jetzt einen Verkäufer für Ihre Region eingestellt.
Could you send us some information on your new product, please?	Könnten Sie uns bitte Informationen zu Ihrem neuen Produkt zusenden?

INFO

Das englische Wort "information" wird nicht im Plural verwendet, so heißt es z. B. "could you give me some information about ...".

This will enable you to benefit from on-the-spot service.	Sie werden jetzt die Vorteile des „Vor-Ort-Services" genießen können.
He can be contacted at the following telephone number: ...	Sie können ihn unter der nachfolgenden Telefonnummer erreichen: ...
We have just had our catalogues translated into English, we will let you have some with your next order.	Wir haben unsere Kataloge gerade ins Englische übersetzen lassen, wir schicken Ihnen einige mit Ihrem nächsten Auftrag zu.
We are pleased to inform you that Mr. H. Müller is now responsible for all dealings with your company.	Wir freuen uns, Ihnen mitteilen zu können, dass Herr H. Müller jetzt für Geschäfte mit Ihnen zuständig ist.
We are pleased to announce that you can now place your orders directly per Internet. Just go to our homepage and click on "Orders".	Wir freuen uns, Ihnen mitteilen zu können, dass Sie nun Ihre Bestellungen direkt über das Internet durchführen können. Gehen Sie einfach auf unsere Homepage und klicken Sie das Feld „Bestellungen" an.

3

3.4 Preise

What is your current list price for item 472?	Wie ist der aktuelle Listenpreis für Artikel 472?
Our latest price list is from January of last year.	Unsere aktuelle Preisliste ist vom Januar letzten Jahres.
Could you guarantee that you will take this quantity?	Können Sie garantieren, dass Sie diese Menge abnehmen?
We would then have to reduce the commission from 5% to 4%.	Wir müssten die Provision dann von 5 % auf 4 % reduzieren.
Our prices include 5% commission which will be paid monthly as agreed.	Unsere Preise verstehen sich einschließlich 5 % Provision, die, wie vereinbart, monatlich bezahlt wird.
Commission will be paid on all orders.	Eine Provision wird auf alle Aufträge bezahlt.
The prices are subject to change.	Die Preise sind unverbindlich.
At the moment the exchange rate is very weak, could you grant a currency rebate?	Zurzeit ist der Währungskurs sehr schlecht, können Sie uns einen Währungsrabatt gewähren?
Unfortunately we have no other choice than to increase our prices.	Leider bleibt uns nichts anderes übrig, als unsere Preise zu erhöhen.
The increasing costs of raw materials make it impossible for us to hold our prices any longer.	Die zunehmenden Kosten für Rohstoffe lassen nicht zu, dass wir unsere Preise weiter halten können.
The costs of the required environmental measures force us to adjust our prices accordingly.	Die Kosten der erforderlichen Umweltmaßnahmen zwingen uns dazu, unsere Preise entsprechend zu korrigieren.
We are prepared to guarantee these prices until the end of this year.	Wir sind jedoch in der Lage, diese Preise bis Jahresende zu garantieren.
We also accept payment in US dollar.	Wir akzeptieren auch Zahlungen in US-Dollar.
Please keep exchange rates in mind when paying in euro.	Bitte bedenken Sie die Wechselkurse, wenn Sie in Euro bezahlen.

3.5 Bestellungen

3

We would like to place an order.

Wir möchten einen Auftrag erteilen.

> **INFO**
>
> Besonders zu beachten sind die False Friends (falsche Freunde) der englischen Sprache. „Aktuell" wird nicht mit "actual" übersetzt, sondern mit "current/present/latest" (actual = eigentlich/tatsächlich). Die aktuelle Preisliste heißt demnach the "latest price list", die aktuelle Marktsituation "the present market situation". Die richtige Übersetzung für das Wort „eventuell" ist "possible" und nicht "eventually" (= schließlich). Eine eventuelle Preiserhöhung ist "a possible price increase".

Enclosed our firm order for ...	Anbei unser verbindlicher Auftrag über ...
May we confirm the following order:	Hiermit bestätigen wir den folgenden Auftrag:
We are pleased to order as follows:	Wir freuen uns, wie folgt zu bestellen:
Please accept the following order: 5 cartons of item 4567 in colour navy blue. Price as per our current price list dated July 15th 2012. Including 5% discount as usual.	Bitte nehmen Sie folgenden Auftrag an: 5 Kartons von Artikel 4567 in Farbe Marineblau. Preis gemäß unserer aktuellen Preisliste vom 15. Juli 2012. Einschließlich 5 % Rabatt wie üblich.
Our commission for this order would be 4%.	Unsere Provision für diesen Auftrag wäre 4 %.
Price as per your offer dated August 5th, 2012.	Preis gemäß Ihrem Angebot vom 5. August 2012.
Delivery ex works, as agreed on the telephone, on December 7th.	Lieferung, wie telefonisch besprochen, am 7. Dezember ab Werk.
Please fly this order to New York and bill us for the freight.	Bitte schicken Sie den Auftrag nach New York und stellen Sie uns die Fracht in Rechnung.

3

INFO

Bei Ordnungszahlen ist zu beachten, dass die ersten drei Nummern ihre eigene Form haben, z. B. Erste "first" oder "1st", Zweite "second" oder "2nd", Dritte "third" oder "3rd", ab vier wird die Zählform mit "th" geschrieben, "4th, 5th" etc. Bei höheren Nummern gilt die gleiche Regel: "21st, 22nd, 23rd" etc.

Please confirm in writing.	Bitte bestätigen Sie dies schriftlich.
Please confirm dispatch date by return fax immediately.	Bitte bestätigen Sie den Versandtermin sofort per Fax.
Please be sure to supply this item as per our previous order.	Bitte achten Sie darauf, dass dieser Artikel gemäß vorherigem Auftrag geliefert wird.
We have an order from a new customer.	Wir haben einen Auftrag von einem neuen Kunden.

INFO

Bestellungen und Anfragen per E-Mail funktionieren im Prinzip genauso wie andere schriftliche Bestellungen. Der Vorteil ist, dass der Informationsfluss erheblich schneller ist als bei der normalen Post, die deshalb im Englischen auch "snail mail" (snail = Schnecke) genannt wird. Direkte, kurze Anfragen bzw. Rückfragen sind ebenso möglich wie prompte Antworten. Auch hier müssen jedoch, wie beim normalen Briefwechsel, die Umgangsformen beachtet werden. Bei einer ersten Kontaktaufnahme sollten Sie deshalb immer erwähnen, woher Sie die E-Mail-Adresse des Empfängers haben.

3.6 Auftragsbestätigung

This is a new account.

Es handelt sich dabei um einen Neukunden.

We have just received your fax and can confirm the order as stated.

Wir haben gerade Ihr Fax erhalten und können den Auftrag so bestätigen.

Confirm price as per our offer dated November 15th.

Wir bestätigen den Preis gemäß unserem Angebot vom 15. November.

We received your e-mail concerning the order of article 289 in colour yellow this morning and would like to confirm this order as stated.

Wir haben Ihre E-Mail, die Bestellung von Artikel 289 in Gelb, heute Morgen erhalten und möchten diese hiermit bestätigen.

> **INFO**
>
> Gibt man einer amerikanischen Firma beispielsweise den 4.2. als Liefertermin an, kann es passieren, dass man am 4. Februar vergebens auf die Ware wartet, weil die amerikanische Firma erst am 2. April liefert. Bei Angabe eines Datums in Kurzform ist zu beachten, dass in den USA das Kurzdatum „Monat/Tag/Jahr" geschrieben wird (durch Schrägstriche getrennt), in Großbritannien schreibt man wie im Deutschen „Tag.Monat.Jahr" (durch Punkte getrennt). Um Verwechslungen zu vermeiden, sind deshalb viele Firmen im internationalen Schriftverkehr dazu übergegangen, den Monatsnamen auszuschreiben, wie beispielsweise September 7th 2012 oder 7. September 2012.

3.7 Messen und Ausstellungen

We confirm your e-mail order dated June 2nd.

Wir bestätigen Ihre Bestellung per E-Mail vom 2. Juni.

We have attached our current price list.

Unsere aktuelle Preisliste haben wir angehängt.

3

We would like to be presented at the "CEBIT Home" next year.	Wir wären gerne nächstes Jahr auf der „CEBIT Home" vertreten.
Last year our company had a stand on the first floor.	Letztes Jahr hatte unsere Firma einen Stand im Erdgeschoss.
The main attractions of the fair will be found in hall no. 7.	Die Hauptattraktionen der Messe werden in Halle Nr. 7 zu finden sein.
We had to rent a booth at the "New York Spring Fair".	Wir mussten auf der „New Yorker Messe" einen Stand mieten.
It would be good for our company if we could exhibit in hall 1.	Es wäre gut für unsere Firma, wenn wir in Halle 1 ausstellen könnten.

INFO

Stockwerke werden in Europa und Amerika anders gezählt: Das amerikanische Erdgeschoss, "ground floor", ist gleichzeitig auch "first floor". Die Nummerierung beginnt mit dem Erdgeschoss. In Europa dagegen entspricht das Erdgeschoss dem „0." Stockwerk, die Zählung fängt erst mit dem darüber liegenden ersten Stock an, welcher bei den Amerikanern schon der "second floor" ist.

Englische Geschäftskorrespondenz (2)

Auftrag

Nach Erhalt und Prüfung des Angebots erfolgt die Erteilung des Auftrags, d. h. die Bestellung des Produktes, sofern der zukünftige Käufer mit den Konditionen des Verkäufers einverstanden ist. Die Auftragserteilung an sich erfolgt heutzutage relativ formlos, oft auch in einem kurzen Schreiben per E-Mail.

Subject: Order for handmade cardigans "Highlands"

Dear Mr. McPierce:

Thank you for your e-mail of July 27, 2012 giving us detailed information regarding your products, prices, availability and your terms of delivery as well as for sending us samples via DHL.

Your offer and the quality of the samples found our approval. Therefore, we are pleased to inform you that we have come to the decision to place an order with your company.

Please send us 500 handmade cardigans "Highlands" at the price stipulated in your quotation.

We will pay the delivery within 10 days from receipt of the goods. In order to ensure prompt shipment of this order, please acknowledge this order at the earliest possible date.

We trust that you will take utmost care in the completion of our order. In case the quality of your goods and your conditions meet our expectations, we are confident that this will lead to further successful businesss relations with your company.

Kind regards,

Ann Autumn

INFO

Betreff: Bestellung handgefertigter Strickjacken

Sehr geehrter Herr McPierce,

vielen Dank für Ihre E-Mail vom 27. Juli 2012, mit der Sie uns genauere Angaben über Ihre Produkte, Preise, Lieferbarkeit und Lieferbedingungen zukommen ließen, sowie für die Muster, die Sie uns per DHL-Kurier übersandt haben.

Ihr Angebot sowie die Qualität der Muster sagen uns zu. Wir freuen uns daher, Ihnen mitteilen zu dürfen, dass wir zu dem Entschluss gekommen sind, Ihrem Unternehmen einen Auftrag zu erteilen.

Bitte übersenden Sie uns 500 Strickjacken „Highlands" zu dem in Ihrem Angebot angegebenen Preis.

Wir werden die Lieferung binnen 10 Tagen nach deren Eintreffen bezahlen. Um den umgehenden Versand der Waren sicherzustellen, möchten wir Sie bitten, diesen Auftrag so schnell wie möglich zu bestätigen.

Wir sind uns sicher, dass Sie unseren Auftrag mit größtmöglicher Sorgfalt ausführen werden. Wenn die Qualität der Waren und Ihre Bedingungen unseren Erwartungen entsprechen, sind wir zuversichtlich, dass dies zu einer weiteren, erfolgreichen Geschäftsbeziehung mit Ihrem Unternehmen führen wird.

Mit besten Grüßen

Ann Autumn

INFO

4. Auftragsabwicklung

4

4.1 Transport- und Versandwesen

How should we forward this order?	Wie sollen wir diesen Auftrag verschicken?
Should we ship to Singapore as usual?	Sollen wir wie üblich nach Singapur verschiffen?
It is possible for us to load this order tomorrow, otherwise it will be next week.	Wir haben die Möglichkeit, diesen Auftrag morgen zu verladen, ansonsten in der nächsten Woche.
We could dispatch this on Thursday for shipment in a 20' container.	Wir könnten es am Donnerstag wegschicken, für die Verschiffung in einem 20' Container.
ETA Busan Port on May 15th.	Voraussichtliche Ankunft Busan Hafen am 15. Mai.
The lorry (US: truck) arrived in London yesterday at 4 p.m., but there was no one there to accept the goods.	Der LKW kam gestern um 16 Uhr in London an, aber es war niemand da, um die Ware entgegenzunehmen.
This will cause a delay of three days.	Dies wird eine Verzögerung von drei Tagen verursachen.
We will be charged for the second delivery.	Man wird uns die zweite Zustellung berechnen.
Is a specific forwarding agent named?	Wird ein bestimmter Spediteur genannt?
As we are delivering cif (cost insurance, freight) Dublin, we reserve the right to choose the forwarder.	Da wir CIF (Verladekosten, Versicherung, Fracht inbegriffen) Dublin liefern, behalten wir uns das Recht vor, den Spediteur auszusuchen.
As this forwarding agent has increased his rates, we are looking for another partner.	Dieser Spediteur hat die Raten erhöht, wir suchen nach einem anderen Partner.

4

We will send a trial shipment with this forwarder next week, please keep us informed about the service.	Wir werden nächste Woche eine Probelieferung mit diesem Spediteur schicken, bitte halten Sie uns über den Service auf dem Laufenden.
The order was due to leave tomorrow, but the forwarders haven't got any lorries available.	Der Auftrag sollte morgen weggehen, aber die Spediteure haben keine LKWs verfügbar.
The lorry has been held up at the border, as the customs officers are on strike.	Der LKW ist an der Grenze aufgehalten worden, da die Zollbeamten zurzeit streiken.
On Sundays and public holidays HGVs are banned from the motorways (US: highways), and so this will hold things up even longer.	An Sonn- und Feiertagen haben LKWs auf Autobahnen Fahrverbot, was alles noch weiter verzögern wird.
All HGVs have to pay motorway (US: highway) tolls.	Alle LKWs müssen Autobahngebühren bezahlen.

INFO

"HGV" ist die britische Abkürzung für "Heavy Goods Vehicle" (Lastkraftwagen). Der britische "lorry" entspricht dem amerikanischen "truck".

The necessary repair work was not finished on time.	Die notwendigen Reparaturarbeiten wurden nicht rechtzeitig beendet.
We will now have to send this material on the ship next week.	Wir werden das Material jetzt mit dem Schiff nächste Woche schicken müssen.
This ship will only take nine days.	Dieses Schiff hat eine Laufzeit von nur neun Tagen.
Is there really no quicker alternative?	Gibt es wirklich keine schnellere Alternative?
We will forward the bill of lading as soon as possible to speed up the customs clearance at your end.	Wir werden das Konnossement (Seefrachtbrief) sofort weiterleiten, um bei Ihnen die Verzollung zu beschleunigen.

Could you send us a box by air freight?	Könnten Sie uns eventuell einen Karton per Luftfracht schicken?
They have quoted us € 3.20 per kg.	Sie haben uns 3,20 € pro kg angeboten.
We are still awaiting the airway bill.	Wir erwarten immer noch den Luftfrachtbrief.
As this is an inner-community purchase we would need your VAT (value added tax) registration number.	Da es sich um einen Kauf innerhalb der EU handelt, brauchen wir Ihre Umsatzsteuernummer.
We have checked with the Federal Finance Office in Bonn, but they have no record of your company under this name and address.	Wir haben beim Bundesamt für Finanzen in Bonn nachgefragt, aber Sie werden nicht unter diesem Namen und dieser Adresse geführt.
The pallets were broken and the goods were damaged on arrival.	Die Paletten waren kaputt und die Ware war bei der Ankunft bereits beschädigt.
The boxes were not properly sealed.	Die Kartons waren nicht richtig verschlossen.
The material was wet on opening.	Das Material war beim Öffnen nass.
The consignment was not insured at our end.	Die Sendung war bei uns nicht versichert.

INFO

Die Mehrzahl von "bill of lading" (Frachtbrief) ist "bills of lading", obwohl es als "B/Ls" abgekürzt wird.

Please get in touch with this insurance broker.	Bitte setzen Sie sich mit diesem Versicherungsmakler in Verbindung.
Please have the damage assessed.	Bitte lassen Sie den Schaden schätzen.
Then we can hand in the claim.	Dann können wir den Schadensanspruch einreichen.

4.2 Zahlungsbedingungen

4

cash in advance	Vorauskasse
cash on delivery (COD)	per Nachnahme
cash against documents (CAD)	Kasse gegen Dokumente
Sixty days after date of invoice, net.	60 Tage nach Rechnungsdatum, netto.
The order will be shipped with payment term 30 days after date of invoice, net.	Der Versand des Auftrages erfolgt unter der Zahlungsbedingung 30 Tage nach Rechnungsdatum, netto.
We need a bank guarantee.	Wir benötigen eine Bankgarantie.
The pro forma invoice will be faxed.	Die Proformarechnung wird gefaxt.
When the invoice is paid, we will arrange for the goods to be sent.	Nachdem die Rechnung bezahlt ist, werden wir den Versand vornehmen.
Payable immediately after receipt of the goods.	Zahlbar sofort nach Erhalt der Ware.
Please open L/C as follows: Part shipments allowed. Tolerance of 5 % for quantity and amount. Latest date of shipment: 31/07/2012.	Bitte eröffnen Sie den Akkreditiv wie folgt: Teillieferungen erlaubt, Toleranzbereich von 5 % für Menge und Betrag. Verschiffung spätestens am: 31.07.2012.
Would it be possible to issue the invoice in dollars?	Wäre es möglich, die Rechnung in US-Dollar auszustellen?
It is our company policy only to invoice in euros.	Es entspricht unserer Firmenpolitik, nur in Euro zu fakturieren.
What is your usual payment term?	Wie ist Ihre übliche Zahlungsbedingung?

4.3 Mahnungen

We could offer you cash in advance less 3% discount.	Wir könnten Ihnen Vorauskasse abzüglich 3 % Skonto anbieten.
I'm ringing to enquire about …/ I'm calling regarding …	Ich rufe an wegen …
We are still waiting for …	Wir warten immer noch auf …
We have not yet received …	Wir haben … immer noch nicht bekommen.
This order was due for dispatch on …	Dieser Auftrag sollte am … zum Versand kommen.
When placing the order we were assured that it would be ready on time.	Als wir den Auftrag erteilt haben, hat man uns versichert, dass er rechtzeitig fertig werden würde.
Can you tell me/give me any idea when …?	Können Sie mir sagen, wann …?
I have this order entered in my schedule for dispatch on …	Ich habe diesen Auftrag in meiner Terminliste für den Versand am … eingetragen.
We are now planning to dispatch this material on …	Wir haben den Versand dieses Materials jetzt für den … eingeplant.
At the moment we are experiencing production difficulties because of …	Zur Zeit haben wir Produktionsprobleme wegen …
We were not able to complete the order any earlier due to a lack of parts/ raw materials/ manpower.	Wir konnten diesen Auftrag wegen eines Mangels an Teilen/Rohstoffen/ Arbeitskräften leider nicht früher fertigstellen.
We're in urgent need of the goods.	Wir brauchen die Ware ganz dringend.
This will cause us problems.	Das wird bei uns Probleme verursachen.
Is there any chance of …?	Gibt es irgendeine Möglichkeit …?
Could you maybe dispatch part of the order?	Könnten Sie eventuell eine Teillieferung vornehmen?

4

This order is to be shipped to our customer in France next week.	Dieser Auftrag soll nächste Woche an unseren Kunden in Frankreich geschickt werden.
Our schedules are very tight.	Unser Terminplan ist sehr eng.
Let me check again with ...	Lassen Sie mich noch einmal mit ... reden.
I'll get back to you.	Ich melde mich wieder bei Ihnen.
If we don't receive the material on time this will cause us contractual problems.	Wenn wir das Material nicht pünktlich erhalten, wird dies zu vertragsrechtlichen Problemen führen.
We really must insist that the goods be dispatched tomorrow.	Wir müssen wirklich darauf bestehen, dass die Ware morgen zum Versand kommt.
This order has top priority now.	Dieser Auftrag hat jetzt erste Priorität.
This invoice has actually been overdue for payment for ... days.	Diese Rechnung ist eigentlich seit ... Tagen überfällig.
We have overlooked this invoice.	Wir haben diese Rechnung übersehen.
We'll send you a cheque (US: check) this afternoon.	Wir schicken Ihnen heute Nachmittag einen Scheck.
The cheque must have got lost in the post (US: mail).	Der Scheck muss in der Post verloren gegangen sein.
Our records show that the invoice still has not been paid.	Laut unseren Unterlagen ist die Rechnung noch offen.

INFO

Bei Mahnungen drückt man sich im Englischen sehr viel verhaltener aus als im Deutschen, zum Beispiel "you seem to have overlooked it", und nicht nur "you have overlooked it", oder "it has actually been overdue" und nicht "it has been overdue". Die Benutzung von solchen Wörtern wie "actually", "really", "seem to be", "appear to be" ist bei einer ersten Mahnung üblich. Nur bei wiederholten Mahnungen verschärft sich der Ton. Eine telefonische Mahnung ist weniger streng, bei ernsteren Verzögerungen ist ein Brief/Fax üblich.

4

We actually paid the invoice last week, I will contact our bank and see why the payment has been delayed.	Wir haben die Rechnung eigentlich schon letzte Woche bezahlt. Ich werde mich mit unserer Bank in Verbindung setzen, um festzustellen, warum sich die Zahlung verzögert.
When we spoke last week, you assured me that the invoice would be paid.	Als wir letzte Woche miteinander gesprochen haben, haben Sie mir versichert, dass die Rechnung bezahlt wird.
We must receive at least a part payment.	Wir brauchen zumindest eine Teilzahlung.
We have many outstanding obligations.	Wir haben viele Verpflichtungen zu begleichen.
The book-keeping department will only release this order for shipment if we receive a copy of your cheque/transfer.	Die Buchhaltungsabteilung gibt diesen Auftrag nur zur Lieferung frei, wenn wir von Ihnen eine Kopie des Schecks/der Überweisung erhalten.

INFO

Auch wenn man eine Lieferung bzw. eine Zahlung anmahnt, bleibt man im Englischen höflich. Die üblichen Floskeln wie, "Hello, how are you?" oder "Hello, how are things?" gehören trotzdem zu einem solchen Gespräch. Auch die Formen "I look forward to hearing from you." oder "Thanks for your help." sind ebenfalls Bestandteil einer solchen Unterhaltung. Es ist durchaus üblich, sich zu entschuldigen, "Sorry to bother you, but ...", bevor man sich über eine verspätete Lieferung beschwert.

4.4 Verzögerungen und Probleme

4

We regret to have to inform you that this order will not be ready for dispatch tomorrow.	Wir bedauern, Ihnen mitteilen zu müssen, dass dieser Auftrag morgen nicht zum Versand fertig sein wird.
We are sorry to have to tell you that the material cannot be completed on time. At the moment we are having problems with the acquisition of materials.	Leider müssen wir Ihnen mitteilen, dass das Material nicht rechtzeitig fertig sein wird. Zurzeit haben wir Probleme mit der Beschaffung von Materialien.
Our production schedule is very tight.	Unser Produktionszeitplan ist sehr eng.
One of our machines has to be repaired.	Eine unserer Maschinen muss repariert werden.
Unfortunately one of our suppliers has let us down.	Leider hat uns einer unserer Lieferanten im Stich gelassen.
We are still waiting for these parts to complete your order.	Wir warten immer noch auf die Teile, um Ihren Auftrag fertigzustellen.
This material did not meet the high standards set by our quality control department.	Dieses Material hat die hohen Standards, die unsere Qualitätskontrolle festlegt, nicht erfüllt.
The colour does not correspond to the previous deliveries.	Die Farbe entspricht nicht den früheren Lieferungen.
We are therefore not prepared to release this for dispatch.	Wir sind daher nicht bereit, die Ware zum Versand freizugeben.
We could accept this if you were prepared to grant us a discount.	Wir könnten es akzeptieren, wenn Sie bereit wären, uns einen Rabatt zu gewähren.
We miscalculated the amount required and did not acquire sufficient supplies.	Wir haben die Menge falsch kalkuliert und nicht genügend Vorräte besorgt.
We will do our best to dispatch earlier.	Wir werden unser Bestes tun, um früher zu liefern.
We have only received three of the four boxes ordered.	Wir haben nur drei der vier bestellten Kartons erhalten.

4

Should we go ahead with shipment?	Sollen wir die Ware verschicken?
Should we send the three boxes or wait and send all four together?	Sollen wir die drei Kartons schicken oder warten und alle vier zusammen schicken?
We would of course pay the freight for the extra shipment.	Wir würden natürlich die Frachtkosten für die zusätzliche Lieferung übernehmen.
Unfortunately our computer system was not working properly and the material confirmed for dispatch is actually not in stock.	Leider funktionierte unser Computersystem nicht und das Material, das wir zum Versand bestätigt haben, ist gar nicht auf Lager.
The next possible dispatch would be in about two weeks.	Der nächstmögliche Versand wäre in ungefähr zwei Wochen.
We could offer you two 25-kg bags as an alternative.	Als Alternative könnten wir Ihnen zwei 25-kg-Beutel anbieten.
We could send the delivery by express.	Wir könnten die Lieferung per Express schicken.
Unfortunately we quoted the wrong price.	Leider haben wir den falschen Preis angegeben.
We mixed up the lists for ex works and FOB.	Wir haben die Listen für die Preise ab Werk und FOB vertauscht.
We entered your order for the wrong item.	Wir haben Ihren Auftrag für den falschen Artikel eingetragen.
We will send you the order confirmation with the correct price.	Wir schicken Ihnen die Auftragsbestätigung mit dem korrekten Preis.
The product you ordered is no longer in our range.	Das von Ihnen bestellte Produkt ist nicht mehr in unserer Produktpalette.
May we offer you product 437 as an alternative?	Dürfen wir Ihnen Produkt 437 als Alternative anbieten?
We sincerely apologise (US: apologize) for this mistake.	Wir entschuldigen uns für diesen Fehler.
We are truly sorry about this delay.	Wir bedauern diese Verzögerung sehr.
Please accept our apologies.	Wir bitten Sie um Entschuldigung.

4

We will make sure that this does not happen again.	Wir werden darauf achten, dass dies nie wieder passiert.
Thank you for your understanding.	Vielen Dank für Ihr Verständnis.
Thank you for your co-operation.	Vielen Dank für Ihre Hilfe.

4.5 Beschwerden

The material ordered was green and the material we have just received is brown.	Wir haben grünes Material bestellt und das Material, das wir bekommen haben, ist braun.
Please check what has happened.	Bitte überprüfen Sie, was passiert ist.
Both the order confirmation and the delivery note show three boxes, but we have only received two. What has happened?	Die Auftragsbestätigung und der Lieferschein zeigen beide drei Kartons, aber wir haben nur zwei bekommen, was ist passiert?
We ordered 5mm screws and you have sent us 6mm. We are prepared to keep these, but would need a delivery of 5mm screws by the end of this week.	Wir haben 5-mm-Schrauben bestellt, und Sie haben uns 6-mm-Schrauben geschickt. Wir wären bereit, diese zu behalten, bräuchten aber bis Ende dieser Woche eine Lieferung von 5-mm-Schrauben.
Two of the chairs are badly damaged, the cushion material is ripped.	Zwei der Stühle sind schwer beschädigt, das Kissenmaterial ist aufgerissen.
Could you give them back to our driver when he comes on Friday? We will arrange for two replacement chairs to be dispatched tomorrow.	Könnten Sie sie am Freitag dem Fahrer wieder mitgeben? Wir werden dann morgen zwei Ersatzstühle wegschicken.
The quality of this material is not up to your usual standard.	Die Qualität dieses Materials entspricht nicht Ihrem üblichen Standard.
The paper we received is too thin.	Das Papier, das wir bekommen haben, ist zu dünn.

4

Could you send us a few leaves so that we can have our quality control people check this?	Könnten Sie uns ein paar Blätter zuschicken, damit unsere Leute in der Qualitätskontrolle diese überprüfen können?
The material is within our standard tolerance level.	Das Material liegt innerhalb unserer Standardtoleranzgrenze.
I cannot accept your complaint.	Ich kann Ihre Reklamation nicht annehmen.
I will let you know.	Ich werde Ihnen Bescheid geben.
I have passed this on to the person in charge and will get back to you when we have the results.	Ich habe es an die zuständige Person weitergeleitet und werde mich melden, wenn die Ergebnisse vorliegen.
You promised to get back to me.	Sie haben versprochen, sich noch einmal bei mir zu melden.
When will I hear from you?	Wann höre ich von Ihnen?
I sent you an e-mail placing an order last week and I still haven't received any confirmation.	Ich habe Ihnen letzte Woche eine E-Mail über eine Bestellung geschickt und habe immer noch keine Bestätigung erhalten.
We had computer problems.	Wir hatten Probleme mit dem Computer.
We didn't get your e-mail.	Wir haben Ihre E-Mail nicht bekommen.

INFO

Im Englischen werden wesentlich häufiger als im Deutschen Entschuldigungsformeln verwendet, selbst wenn man eigentlich eine Beschwerde vorbringt ("I'm very sorry, but …", "I am really sorry about that" oder "Please excuse this once again").

Englische Geschäftskorrespondenz (3)

Lieferung

Als zentraler Vertragsbestandteil haben die Lieferbedingungen (z.B. Incoterms) eine große Bedeutung bei der Festlegung der Übernahme von Transport- und Versicherungskosten durch den Exporteur oder den Importeur. Die Verwendung der richtigen Incoterms ist daher unmittelbar preisrelevant.

Subject: Delivery

Dear Ms. McClister,

We refer to your order no. 12. Delivery will be made within two months on receipt of your order. As arranged, the consignment will be transported by rail and sea freight CIF from Colgne to your warehouse in Richmond, Virginia.

Our prices are CIF for sea/land transport to Virginia. If you require more rapid delivery, we can arrange for the goods to be sent by air freight, but this will be charged at an extra cost.

We thank you for your order, and will be pleased to answer any further queries you might have regarding the shipment.

Yours truly,

Bianca Schulze

Betreff: Lieferung

Sehr geehrte Frau McClister,

bezugnehmend auf Ihre Bestellung Nr. 12, möchten wir Ihnen mitteilen, dass die Lieferung innerhalb von zwei Monaten nach Erhalt Ihrer Bestellung erfolgen wird. Wie vereinbart wird die Ladung CIF von Köln zu Ihrem Lager in Richmond, Virginia, befördert.

Unsere Preise enthalten CIF den Transport über Land/See nach Virginia. Falls Sie eine schnellere Lieferung benötigen, können wir Ihnen die Güter auch per Luftfracht zukommen lassen, allerdings werden dann entsprechende Extrakosten veranschlagt.

Wir danken Ihnen für Ihren Auftrag und stehen Ihnen gerne für jede Art von Fragen, die den Transport betreffen, zur Verfügung.

Mit freundlichen Grüßen

Bianca Schulze

INFO

Incoterms

CFR = **C**ost and **FR**eight	Kosten und Fracht
CIF = **C**ost, **I**nsurance and **F**reight (named port of destination)	Kosten, Versicherung und Fracht (benannter Hafen)
CIP = **C**arriage and **I**nsurance **P**aid to (named place of destination)	Frachtfrei versichert (benannter Zielort)
CPT = **C**arriage **P**aid **T**o (named place of destination)	Frachtfrei (benannter Zielort)
DAP = **D**elivered **A**t **P**lace	vereinbarter Lieferort im Einfuhrland
DAT = **D**elivered **A**t **T**erminal	vereinbarter Terminal
DDP = **D**elivered **D**uty **P**aid (named place of destination)	Frei verzollt (benannter Zielort)
EXW = **EX W**orks (named place)	ab Werk (benannter Ort)
FAS = **F**ree **A**longside **S**hip	Frei Längsseite Schiff
FCA = **F**ree **CA**rrier (named place)	Frei Frachtführer (benannter Ort)
FOB = **F**ree **O**n **B**oard (named port of shipment)	Frei an Bord (benannter Versandhafen)

INFO

5. Rechnungswesen und Finanzen

5.1 Rechnungswesen

He is our chief accountant.

Er ist unser Buchhalter.

Book-keeping plays a vital role in every business.

Buchhaltung spielt in jedem Unternehmen eine zentrale Rolle.

Accounting methods vary from business to business.

Die Buchführungsmethoden sind von Unternehmen zu Unternehmen verschieden.

Our balance sheets of the past ten years show a steady rate of growth.

Unsere Handelsbilanz der letzten zehn Jahre zeigt ein stetiges Wachstum.

Our budget for 2012 is complete.

Unser Haushalt für 2012 ist vollständig.

John, could you fetch our account books and balance sheets?

John, könnten Sie bitte unsere Geschäftsbücher holen?

Ms. Clarke is in charge of our financial accounting.

Frau Clarke ist für unsere Finanzbuchhaltung verantwortlich.

According to our calculations, the profits for this year are less than those for 2011.

Nach unseren Berechnungen sind die diesjährigen Gewinne geringer ausgefallen als die von 2011.

Our sales analysis for 2012 showed a 10% increase in sales within the EU.

Unsere Absatzanalyse für 2012 zeigte einen Zuwachs von 10 % bei den Verkäufen innerhalb der EU.

We insist that members of staff provide a receipt for purchases from the petty cash.

Wir bestehen darauf, dass unsere Mitarbeiter eine Quittung für Einkäufe aus der Portokasse abliefern.

Our gross profits are up on this time last year.

Unsere Bruttogewinne sind höher als zum selben Zeitpunkt des letzten Jahres.

Neil's work is a fine example of adequate and orderly accounting.

Neils Arbeit ist ein ausgezeichnetes Beispiel ordnungsgemäßer Buchführung.

5

The end of our first quarter is in July.	Unser erstes Quartalsende ist im Juli.
When does your accounting reference day fall?	Wann ist Ihr Bilanzstichtag?
Our accounting year will end in May 2013.	Unser Buchführungsjahr endet im Mai 2013.

INFO

Größere Unternehmen müssen in Großbritannien ihren Jahresabschluss veröffentlichen und im "Companies House" archivieren. Nicht zur Veröffentlichung verpflichtet sind Unternehmen, die unter die juristisch definierte Kategorie Klein- und Mittelbetriebe fallen.

We have published and filed our annual accounts in Companies House.	Wir haben unseren Jahresabschluss veröffentlicht und im Companies House archiviert.
Our internal accounting period is three months long.	Unser Abrechnungszeitraum beträgt drei Monate.
Our accounting manager will present the annual economic report.	Der Leiter der Buchhaltung wird den Jahreswirtschaftsbericht vorlegen.

INFO

In Großbritannien sind Unternehmen, die unter die Kategorie "Listed Companies" fallen, verpflichtet, ein sechsmonatiges Zwischenkonto zu veröffentlichen oder an die Aktienbesitzer zu schicken.

Our interim accounts were published in the Financial Times in September.	Unsere Zwischenkonten wurden im September in der Financial Times veröffentlicht.
The TEHV group have also released interim balance sheets.	Die TEHV Gruppe hat auch ihre Zwischenbilanz veröffentlicht.
Our opening balance sheets for this month are being prepared.	Unsere Eröffnungsbilanz für diesen Monat wird vorbereitet.
Our annual audit will take place in April.	Unsere jährliche Buchprüfung findet im April statt.

5

Auditing will be carried out later this month.	Die Wirtschaftsprüfung wird gegen Ende dieses Monats stattfinden.
The audit fees have been paid for 2012.	Die Kosten der Abschlussprüfung für 2012 sind bezahlt worden.
The fiscal audit of operating results for 2012 is complete.	Die Betriebsprüfung für 2012 ist abgeschlossen.
Can you get in touch with our auditor regarding the matter?	Könnten Sie wegen dieses Problems mit unserem Betriebsprüfer Kontakt aufnehmen?
The fiscal audit of operating results was completed in May.	Die Betriebsprüfung wurde im Mai abgeschlossen.
We predict, applying discounting, that our cash flow will remain consistent.	Nach durchgeführter Abzinsung nehmen wir an, dass der Geldfluss konstant bleiben wird.
Our accounting profit shows a marked improvement in comparison to 2011.	Unser Buchgewinn zeigt einen deutlichen Zuwachs gegenüber 2011.
The closing balance of our June accounts has already been carried forward to July.	Die Schlussbilanz unserer Bücher vom Juni ist schon auf den Juli übertragen worden.
Our actual outlay decreased considerably following restructuring in 2011.	Unsere Istausgaben haben seit der 2011 durchgeführten Umstrukturierung erheblich abgenommen.
The total costs of our recent reorganisation were minimal.	Die Gesamtkosten unserer unlängst durchgeführten Reorganisation waren minimal.
The variable costs of commission to be paid to our sales staff cannot be approximated in view of the current unstable economic situation.	Die variablen Kosten, die durch unserem Verkaufspersonal gezahlte Kommissionen entstehen, können in Anbetracht der instabilen wirtschaftlichen Situation nicht abgeschätzt werden.
Our turnover forecasts for the 1990s proved to be incorrect.	Die Umsatzprognose für die 90er-Jahre hat sich als falsch herausgestellt.

5

Our company's turnover increased tenfold in comparison to the previous decade.	Der Umsatz unseres Unternehmens hat sich, im Vergleich zu vor 10 Jahren, verzehnfacht.
The turnover increase for 2012 fulfilled our expectations.	Der Umsatzanstieg 2012 hat unsere Erwartungen erfüllt.
The appreciation of our assets is mainly due to the current rate of inflation.	Der Wertzuwachs unserer Aktiva liegt hauptsächlich an der momentanen Inflationsrate.
Accounts payable and accruals are to be entered as current liabilities on the balance sheet.	Verbindlichkeiten und Rückstellungen müssen als laufende Passiva in die Bilanz eingetragen werden.
I instructed her to fax details of our accounts receivable.	Ich habe sie angewiesen, mir Details über die Außenstände zu faxen.
You should enter that under special expenses.	Sie sollten das unter Sonderausgaben eintragen.
Deterioration of our premises has been taken into account as amortization.	Die Wertminderung unserer Gebäude wurde als Amortisation in die Bücher aufgenommen.
The purchase of our new factory will be entered in the books as a capital transaction.	Der Kauf unserer neuen Fabrik wird als Kapitalverkehr in die Bücher eingetragen.
The costs incurred during the renovation of our office buildings will be treated as capital investment.	Die Kosten, die uns durch die Renovierung unserer Geschäftsgebäude entstanden sind, werden als Kapitaleinlage behandelt.
Our calculation of the budget costs for 2012 has changed little from that of 2011.	Unsere Plankostenrechnung für 2012 hat sich gegenüber 2011 kaum verändert.
Our prime costs are low in relation to our profits.	Unsere Selbstkosten sind im Vergleich zum Gewinn gering.
We need to look at ways of lessening our indirect labour costs (US: labor).	Wir müssen Wege finden, die Lohnnebenkosten zu senken.
The rationalisation profits following the modernisation of our factory last year were considerable.	Der Rationalisierungsgewinn nach der Modernisierung unserer Fabrik letztes Jahr war beachtlich.

5

Our return on capital was higher in 2004 than in the following years.	Unser Kapitalertrag war 2004 höher als in den darauf folgenden Jahren.
I think this entry is incorrect.	Ich glaube, diese Buchung ist nicht korrekt.
Our accounts don't balance. It must be due to a book-keeping error.	Unsere Bücher saldieren nicht. Es muss an einem Buchungsfehler liegen.
Our overhead costs don't seem to be entered in the books.	Unsere Gemeinkosten sind scheinbar nicht in die Bücher eingetragen worden.
The tax assessment we received for 2012 appears to be incorrect.	Die Steuerveranlagung, die wir für 2012 bekommen haben, scheint nicht korrekt zu sein.

INFO

Mehrwertsteuer heißt in Großbritannien "value added tax". Meistens wird dafür aber die Abkürzung VAT verwendet. Im formelleren Englisch werden die Buchstaben dabei getrennt ausgesprochen, während sie in der Umgangssprache zu einem Wort verbunden werden.

Someone has completed our tax return incorrectly.	Jemand hat unsere Steuererklärung falsch ausgefüllt.
We can reclaim value added tax at the end of the year.	Wir können die Mehrwertsteuer am Ende des Jahres zurückfordern.
Unfortunately, it seems we are liable for an additional payment of taxes.	Leider scheint es so, als ob wir zu einer Steuernachzahlung verpflichtet wären.
Taking into account the linear depreciation of the value of our assets, there seems to be no alternative than to declare ourselves bankrupt.	Unter Berücksichtigung der linearen Abschreibung des Wertes unserer Aktiva scheint es keine Alternative zu einer Bankrotterklärung zu geben.
The annual profits are fifteen percent down on last year's figures.	Der Jahresgewinn liegt 15 % unter dem des Vorjahres.
We will have to introduce budget cuts in all departments.	Wir werden Etatkürzungen in allen Abteilungen durchführen müssen.

5

Despite stringent measures to bring our budget under control, we seem to be unable to reach break-even point this summer.

Trotz drastischer Maßnahmen, um unseren Haushalt unter Kontrolle zu bringen, werden wir in diesem Sommer wohl nicht in der Lage sein, die Gewinnschwelle zu erreichen.

Their budgetary deficit is huge.

Ihr Haushaltsdefizit ist riesig.

Although we may have saved money in respect of the initial outlay required, the operating expenses of our factory in Nigeria have exceeded all expectations.

Obwohl wir vielleicht Geld bei der anfänglichen Auslage gespart haben, haben die Betriebskosten unserer Fabrik in Nigeria unsere Befürchtungen übertroffen.

Our basic income has proved to be less than consistent.

Es hat sich gezeigt, dass unsere Basiseinkünfte nicht konstant genug sind.

We will have to plough back the majority of our 2012 profits.

Wir werden den Großteil unserer Gewinne von 2012 reinvestieren müssen.

We have no alternative than to write off our obsolete machinery in our overseas factories.

Wir haben keine andere Wahl als die veraltete Maschinenanlage unserer Fabriken in Übersee abzuschreiben.

5.2 Finanzpolitik

Our financial standing has improved considerably.

Unsere Kreditfähigkeit hat erheblich zugenommen.

Sales financing in 2013 will take up a considerable percentage of our budget.

Die Absatzfinanzierung wird 2013 einen beträchtlichen Teil unseres Budgets ausmachen.

If our financial status does not improve, we will have to go into liquidation.

Wenn unsere Vermögenslage sich nicht verbessert, werden wir in die Liquidation gehen müssen.

Maurice Motors have sold some of their assets to pay off their debts.

Maurice Motors haben einige ihrer Vermögenswerte verkauft, um ihre Schulden zu bezahlen.

5

They have only their fixed assets remaining.	Sie haben nur noch ihr Vermögen übrig.
We will have to sell some of our non-core assets to resist takeover.	Wir werden alles außer dem Kernvermögen verkaufen müssen, um eine Übernahme zu vermeiden.

INFO

Anders als in Deutschland fängt in Großbritannien das Geschäftsjahr im April an.

The fiscal year begins in April in the UK.	Das Geschäftsjahr beginnt in Großbritannien im April.
Our finances are in dire straits.	Unsere Finanzen befinden sich in einer Notlage.
WSC went into receivership.	WSC ist in Konkurs gegangen.
Fiona will present our financial report for 2012.	Fiona wird uns den Finanzbericht für 2012 vorstellen.
Since 2003 we have faced increasing financial difficulties.	Seit 2003 stehen wir wachsenden finanziellen Schwierigkeiten gegenüber.
Our financial assets are steadily increasing.	Unser Geldvermögen wächst stetig.
I think we should consider taking the advice of a financier.	Ich denke, wir sollten uns überlegen einen Finanzier hinzuzuziehen.
Our fiscal policy in Indonesia must adapt with the change of government.	Unsere Steuerpolitik in Indonesien muss nach dem Regierungswechsel angepasst werden.

5.3 Banken und Bankgeschäfte

5

Did you hear about the fiscal fraud of AW Enterprises?	Haben Sie von dem Steuerbetrug von AW Enterprises gehört?
Many building societies in Britain converted to banks in the 1990s.	Viele Bausparkassen in Großbritannien wurden in den 90er-Jahren zu Banken umgewandelt.
I would like to invest in the ANA mortgage bank.	Ich würde gerne in die ANA Hypothekenbank investieren.
The MSG bank is one of the best-known investment banks in Asia.	Die MSG Bank ist eine der bekanntesten Investmentbanken Asiens.
We use the NRR merchant bank for our main company accounts.	Wir haben unsere Hauptgeschäftskonten bei der NRR Handelsbank.
The regional banks of this area are not to be recommended.	Die Regionalbanken dieser Gegend kann man nicht empfehlen.
Our savings bank in Switzerland has neglected to send us our account balance.	Unsere Sparkasse in der Schweiz hat vergessen, uns unseren Kontoauszug zu senden.
We have our business account with TNT bank.	Wir haben unser Geschäftskonto bei der TNT Bank.
We have arranged acceptance credit with the MK bank in Japan.	Wir haben einen Akzeptkredit mit der MK Bank in Japan ausgehandelt.
Our account balance looks very positive at the present time.	Unser Kontostand sieht im Moment sehr gut aus.
Are you an account holder within this branch?	Sind Sie Kontoinhaber bei dieser Filiale?
I would like to open an interest account, please.	Ich würde gerne ein Zinskonto eröffnen, bitte.
May I speak to someone from your loan department, please?	Könnte ich mit jemandem aus Ihrer Kreditabteilung sprechen, bitte?
Mr. Portland, can you tell me your account number, please?	Herr Portland, können Sie mir bitte Ihre Kontonummer geben?
I have special drawing rights on that account.	Ich habe Sonderziehungsrechte von diesem Konto.

There seems to be some mistake in our company's bank statement.	Der Kontoauszug unseres Unternehmens ist scheinbar fehlerhaft.
Your bank charges are too high.	Ihre Bankgebühren sind zu hoch.
I demand to see the manager!	Ich verlange den Filialleiter zu sprechen!
We will repay the bank loan over a period of five years.	Wir werden das Bankdarlehen über einen Zeitraum von fünf Jahren zurückzahlen.
We could apply for a bridging loan to tide us over the first six months.	Wir könnten versuchen, einen Überbrückungskredit für die ersten sechs Monate zu bekommen.
Overdrafts will be subject to interest six percent above our base rate.	Kontoüberziehungen werden mit 6 % über dem Leitzins verzinst.
We will pay for the goods, upon delivery, by bank transfer.	Bei Lieferung werden wir die Waren per Banküberweisung bezahlen.
OL Incorporated have set up a banker's order to pay for their regular shipments of goods.	OL Incorporated haben einen Dauerauftrag erteilt, um für die regelmäßige Verschiffung ihrer Waren zu bezahlen.
A banking consortium has loaned ten billion dollars to Mozambique.	Ein Bankenkonsortium hat Mosambik einen Kredit in Höhe von 10 Milliarden Dollar gewährt.
I have brought a bank letter of credit with me from the SK bank, Germany.	Ich habe ein Bankakkreditiv der SK Bank aus Deutschland dabei.

5.4 Internationale Finanzmärkte

Shares (US: stocks) are at a premium at the moment.	Die Aktien sind im Moment über dem Nennwert.
Our shares fell 2.9% yesterday.	Unser Aktienkurs fiel gestern um 2,9 %.
I would like to check out share prices on the stock exchange this afternoon.	Ich würde mich heute Nachmittag gerne über die Aktienpreise an der Börse erkundigen.

5

Die Sprache der großen Börsen ist seit Langem Englisch. Der wichtigste Handelsplatz für Aktien in der Welt ist die Wall Street in New York. In Europa ist der International Stock Exchange in London führend.

I would like a quotation of share (US: stock) prices for Megamarkets P.L.C.	Ich hätte gerne die Notierung des Aktienkurses von Megamarkets P.L.C.
Could I have a quotation for the market price for shares in MK Enterprises?	Könnte ich die Notierung des Börsenkurses der Aktien von MK Enterprises haben?
The bottom price for shares in our company has dropped to a new low.	Der Niedrigstkurs der Aktien unseres Unternehmens ist auf einen neuen Tiefststand gefallen.
We are planning to launch an euro-dominated bond.	Wir überlegen uns, Euro-dominierte Rentenpapiere einzuführen.
If we reinvest the money we made from selling our assets under the enterprise investment scheme, we can avoid paying capital gains tax.	Wenn wir das Geld, das wir durch den Verkauf unserer Aktiva nach dem Investitionsentwurf verdient haben, reinvestieren, können wir die Kapitalertragssteuer vermeiden.
JMC Limited have recently made a loss on their foreign bonds in Switzerland.	JMC Limited haben in der letzten Zeit mit ihren Auslandsanleihen in der Schweiz Verluste gemacht.

Der berühmteste Aktienindex der Welt ist der Dow-Jones in New York. In London ist der sogenannte "Footsie" FT-SE-100-Index bis heute meistbenutzter Index am Londoner Markt. Der neuere FTSE Eurotop 300 Index basiert auf 300 führenden europäischen Aktien und spielt eine weitere wichtige Rolle. Nicht zu vergessen ist auch der aufstrebende Finanzplatz Frankfurt und damit Xetra Dax und AMEX (American Stock Exchange). Diese Situation könnte sich ändern, wenn in Kooperation der Deutschen Börse AG, der Pariser und Schweizer Börsen und des amerikanischen Dow-Jones-Unternehmens ein neuer Index erscheint. Diesbezüglich werden seit längerer Zeit Gespräche geführt.

The stock exchange index is showing signs of improvement.

Der Börsenindex zeigt Indizien einer Verbesserung.

Did you take note of the Dow Jones share index?

Haben Sie den Dow-Jones-Aktienindex zur Kenntnis genommen?

5.5 Aktienmärkte

Stock markets all over the world were particularly unstable in June.

Die Aktienmärkte auf der ganzen Welt waren im Juni besonders instabil.

Dealing before official hours is taking place in Tokyo.

Die Vorbörse findet in Tokio statt.

Stock market trading will begin at eight a.m.

Der Börsenhandel wird um 8 Uhr morgens beginnen.

Closing of the exchange is due to take place at seventeen hundred hours in London.

Der Börsenschluss wird um 17 Uhr in London stattfinden.

Allen and Walsh are a firm of stockbrokers.

Allen und Walsh haben eine Börsenmakler-Firma.

Global markets are currently experiencing a boom.

Die globalen Märkte erleben im Moment einen Boom.

The stock market crash of 1929 was the worst last century.

Der Börsenkrach von 1929 war der schlimmste im letzten Jahrhundert.

Taking the strong global bull market into account, I think we can view the situation positively.

Wenn man den globalen Haussemarkt miteinbezieht, dann denke ich, dass wir die Situation positiv beurteilen können.

He's a bull.

Er ist ein Haussier.

The stock market this year has been a buyers market.

Der Aktienmarkt war dieses Jahr ein Käufermarkt.

The market's reaction was not too bearish.

Die Reaktion des Marktes war nicht übermäßig pessimistisch.

The stockbroker is participating in bear sales.

Der Börsenmakler beteiligt sich an Leerverkäufen.

5

At the moment, I fear we're looking at a bear market.	Ich befürchte, dass es zu einem ständigen Fallen der Kurse am Markt (Baissemarkt) kommen wird.
He's a bear.	Er ist ein Baissier.
It's a seller's market at the moment.	Im Moment gibt es einen Verkäufermarkt.
The bottom has fallen out of the market.	Die Nachfrage und die Preise sind auf einem Tiefstand.

INFO

Die zwei wichtigsten Wirtschaftszeitungen im englischsprachigen Raum sind die Financial Times, deren erster Buchstabe dem "Footsie" seinen Anfangsbuchstaben beschert hat und das Wall Street Journal, das der Dow Jones Company gehört (Begründer des Hauptindex des New York Stock Exchange).

A good place to find stock exchange news throughout Europe is the Financial Times.	Börsenberichte aus ganz Europa findet man vor allem in der Financial Times.
Our share capital played a part in our survival during the recession.	Unser Aktienkapital hat einen Teil zu unserem Überleben während der Rezession beigetragen.
They have invested heavily in securities.	Sie haben in großem Umfang in Wertpapiere investiert.
The Bank of Taiwan announced that it is trying to strengthen securities business.	Die Bank von Taiwan hat angekündigt, dass sie versuchen wird, ihre Effektengeschäfte zu verstärken.
Futures markets reached an all-time low in May.	Die Terminbörse hat im Mai einen Rekordtiefstand erreicht.

INFO

Die Online-Revolution hat auch viele Änderungen im Börsengeschäft mit sich gebracht. In den USA findet heute ein Viertel des "retail share trading" über das Internet statt.

5

A round of buying boosted Healthman Tea futures on the London International Financial Futures and Options Exchange.

Eine Phase hoher Kaufbereitschaft hat Termingeschäfte der Healthman Tea auf der Londoner Börse für Finanz- und Terminkontrakte in die Höhe getrieben.

JMC have been conducting futures business on the MATIF (Marché à Terme des Instruments Financiers).

JMC haben Termingeschäfte an der MATIF abgewickelt.

Sugar sold extremely well on the commodity futures exchange last month.

Zucker hat sich an der Warenterminbörse im letzten Monat ausgezeichnet verkauft.

We have recently purchased shares in your company via internet.

Wir haben neulich Aktien Ihres Unternehmens über das Internet gekauft.

Internet share trading is on the up and up.

Aktienhandel über das Internet nimmt immer weiter zu.

The internet provides potential investors with an easy method of buying shares.

Das Internet ermöglicht potenziellen Investoren, auf einem einfachen Weg Aktien zu kaufen.

INFO

Unternehmen in den angelsächsischen Volkswirtschaften haben keine ähnlich enge Bindung an die Banken, wie das in Deutschland oftmals der Fall ist. Anstatt Kapitalbeschaffung über Kreditinstitute zu ermöglichen, gehen Unternehmen in Großbritannien und den USA auf die Finanzmärkte.

Firms trading in stocks on the internet have gained a huge competitive advantage.

Unternehmen, die Aktien über das Internet verkaufen, haben einen riesigen Wettbewerbsvorteil erlangt.

We offer on-line trading as part of a package.

Wir bieten Online-Handel als Teil eines Pakets an.

The flotation of our company raised 90 million euro.

Die Emission von Aktien brachte unserem Unternehmen 90 Millionen Euro ein.

5

They are shareholders in our business.	Sie sind Aktionäre unseres Unternehmens.
We are interested in buying a parcel of shares (US: stocks) in your business.	Wir sind daran interessiert, ein Aktienpaket Ihres Unternehmens zu kaufen.
We are planning to invest more heavily in blue chip companies.	Wir planen, mehr in Unternehmen mit erstklassigen Aktien zu investieren.
Geiger's PLC holds the controlling interest in our company.	Geigers PLC hält in unserem Unternehmen die Aktienmehrheit.
JMC is a public limited company (US: joint stock company).	JMC ist eine Aktiengesellschaft.
The issuing of shares (US: stock) took place yesterday.	Die Aktienausgabe fand gestern statt.
The face value of our shares is lower than their market value.	Der Nennwert unserer Aktien ist niedriger als ihr Marktwert.
Did you make a satisfactory earning per share (US: yield on stocks)?	Haben Sie eine zufriedenstellende Aktienrendite erreicht?
The risk premium for shares in the TEHV group was greater than expected last year.	Die Risikoprämie für Aktien der TEHV Gruppe war letztes Jahr größer als erwartet.
The price-earnings ratio for shares in JMC reflects the fast growth rate of the company.	Das Kurs-Gewinn-Verhältnis für JMC-Aktien spiegelt das schnelle Wachstum des Unternehmens wider.
In 2011, our share-holders received a dividend of ninety pence per share.	2011 erhielten unsere Aktionäre eine Dividende von 90 Pence pro Aktie.
The TEHV group have paid out a distribution from their profits.	Die TEHV Gruppe hat eine Gewinnausschüttung durchgeführt.
Their shares have become ex-dividend.	Ihre Aktien sind jetzt ohne Dividende.
The executive has decided to make a one-off pay-out of sixty pence per share to all our shareholders.	Der leitende Angestellte hat entschieden, eine einmalige Ausschüttung von 60 Pence pro Aktie an alle Aktionäre durchzuführen.

5

We will pay a percentage of profits to all our investors.	Wir werden all unseren Investoren Tantiemen zahlen.
We are planning to issue bonus shares with our profits from share premiums (or agio).	Wir planen mit unseren Gewinnen aus dem Agio Bonusaktien auszugeben.
The next shareholders' meeting will take place on the 25th of January.	Die nächste Hauptversammlung findet am 25. Januar statt.
The annual general meeting (AGM) is scheduled to take place in March.	Die Jahreshauptversammlung ist für März angesetzt.

INFO

Feindliche Übernahmen sind im englischsprachigen Raum nicht ungewöhnlich. Kenntnisse in diesem Bereich sind daher für ein Verständnis der Unternehmenskultur in diesen Ländern unerlässlich. Angelsächsische Unternehmen haben keinen starken Kern von Aktienbesitzern, wie man ihn gewöhnlich in Frankreich und Spanien vorfindet.

The company hopes that the introduction of a profit sharing scheme will inspire greater loyalty from our workers.	Das Unternehmen hofft, dass die Einführung einer Gewinnbeteiligung die Arbeiter zu größerer Loyalität bewegen wird.
He has a subscription right (or share option) to shares (US: stocks) in Wharmby Foods.	Er hat ein Aktienbezugsrecht für Aktien von Wharmby Foods.
Mergers and acquisitions are the favoured means of growth and expansion for many companies.	Fusionen und Akquisitionen sind für viele Unternehmen die bevorzugten Instrumente für Wachstum und Expansion.
The hostile takeover of Runge Ltd. by the TEHV group was the largest this year in the manufacturing sector.	Die feindliche Übernahme von Runge Ltd. durch die TEHV Gruppe war im herstellenden Bereich die größte in diesem Jahr.
Walker Developments took advantage of recent economic crises to take over STV of Italy.	Walker Developments nutzte die vor kurzem aufgetretenen wirtschaftlichen Krisen aus, um die italienische STV zu übernehmen.

5

The hostile bid to take over JLC failed last week.	Das feindliche Übernahmeangebot für JLC scheiterte letzte Woche.
Maurice Motors have sold some of their assets to pay off their debts. It seems that they have only their fixed assets and some securities remaining.	Maurice Motors haben einige ihrer Vermögenswerte verkauft, um ihre Schulden zu bezahlen. Es scheint so, als ob sie nur noch ihre festen Anlagen und einige Sicherheiten übrig hätten.
A black knight company has made a bid for JMC.	Ein „schwarzer Ritter" (Investor, der eine Firma mit einer Übernahme bedroht) hat ein Übernahmeangebot für JMC gemacht.
A white knight rescued Maurice Motors from a hostile takeover last week.	Ein „weißer Ritter" (Investor, der eine Firma vor einer Übernahme rettet) hat Maurice Motors vor einer feindlichen Übernahme bewahrt.
OL Incorporated and TRIX Products have amalgamated.	OL Incorporated und TRIX Products haben fusioniert.
One of our more recent business acquisitions was ABC Limited.	Eines unserer neueren Geschäfte war die Geschäftsübernahme von ABC Limited.
We will have to sell some of our non-core assets to resist takeover.	Wir werden einige unserer Aktiva verkaufen müssen, um die Übernahme zu vermeiden.
TRIX Products also have debts in the form of debenture loans.	TRIX Products haben zudem Schulden in Form von Obligationsanleihen.
CDSA have gone into liquidation.	CDSA sind in Liquidation getreten.
Holders of preference shares will receive some of their share capital, others may not be so lucky.	Die Besitzer von Vorzugsaktien werden einen Teil Ihres Aktienkapitals wiederbekommen. Andere werden vielleicht nicht so viel Glück haben.
Our floating assets have remained stable.	Unser Umlaufvermögen ist stabil geblieben.
The figures suggest that we will be able to retain financial sovereignty.	Die Zahlen sprechen dafür, dass wir in der Lage sein sollten, unsere Finanzhoheit zu behaupten.

5.6 Währungen und Devisen

5

The monetary zone covered by the euro will expand in the future.

Die Währungszone, die vom Euro abgedeckt wird, wird in der Zukunft expandieren.

The value of the US dollar is subject to the fluctuations of the international monetary system.

Der Wert des US-Dollars ist den Schwankungen der internationalen Währungsordnung unterworfen.

We would like the currency unit of payment to be the yen.

Als Zahlungsmittel hätten wir gerne den Yen.

Although Scotland has its own parliament, the British Isles still has a unified currency.

Obwohl Schottland ein eigenes Parlament hat, haben die Britischen Inseln auch weiterhin eine Einheitswährung.

We will accept payment only in hard currency.

Wir werden die Bezahlung ausschließlich in harter Währung akzeptieren.

INFO

Bei Geschäftsbeziehungen mit englischsprachigen Partnern wird man früher oder später wahrscheinlich auch mit den umgangsprachlichen Ausdrücken für die Währung konfrontiert, die Briten und Amerikaner wesentlich häufiger zu benutzen scheinen als die Ausdrücke der Hochsprache. Briten nennen ein Pfund Sterling "a quid" wobei die Singularform auch im Plural erhalten bleibt – z. B. "ten quid" (nicht "ten quids"). Die Amerikaner, Kanadier und Australier nennen ihre unterschiedlichen Arten des Dollar "a buck" und in der Mehrzahl "bucks".

It is predicted that devaluation of the Indian rupee will take place in the near future.

Es wird davon ausgegangen, dass es in der nahen Zukunft eine Abwertung der indischen Rupie geben wird.

We need to invest in a country with prospects of long-term monetary stability.

Wir müssen in einem Land mit Aussicht auf dauerhafte Währungsstabilität investieren.

5

The Malawian Kwacha is a soft currency.	Der Kwacha Malavis ist eine weiche Währung.
Has the monetary policy of New Zealand changed since the elections?	Hat sich die Währungspolitik Neuseelands seit den Wahlen verändert?
The rate of inflation in Brazil is problematic for our investments.	Die Inflationsrate in Brasilien ist für unsere Investitionen problematisch.
There have been considerable currency reforms in the area.	In der Region gab es beachtliche Währungsreformen.
The monetary agreement between Canada and the USA has collapsed.	Das Währungsabkommen zwischen den USA und Kanada ist zusammengebrochen.
Does your company have sufficient foreign exchange to pay immediately?	Hat ihr Unternehmen genügend Devisen, um sofort zu bezahlen?
Where is the nearest exchange bureau?	Wo ist die nächste Wechselstube?
What is the foreign currency rate for yen in the USA at present?	Wie ist der momentane Sortenkurs für Yen in den USA?
We have participated in foreign exchange dealings in the past.	In der Vergangenheit haben wir uns am Devisenhandel beteiligt.
Our foreign exchange operations play an important role in our overseas business ventures.	Unsere Devisenverkehrabkommen spielen eine wichtige Rolle bei unseren Geschäftsvorhaben in Übersee.
I think we failed to take the two-tier exchange rate into consideration.	Ich glaube, dass wir den gespaltenen Wechselkurs nicht in unsere Überlegungen einbezogen haben.
One possible way to minimize risk of loss when dealing in foreign currency are forward exchange dealings.	Ein möglicher Weg das Verlustrisiko bei Geschäften mit fremden Währungen zu minimieren, sind Devisentermingeschäfte.
Foreign exchange markets show that the dollar is weakening in relation to the euro.	Die Devisenmärkte zeigen, dass der Dollar im Vergleich zum Euro schwächer wird.
What is the current exchange rate of sterling against the dollar?	Wie ist der Devisenkurs des Pfund Sterling gegenüber dem Dollar?

The euro fell to a new low against the dollar yesterday.	Der Euro fiel gestern auf ein neues Tief gegenüber dem Dollar.
The fluctuation margins of the South African Rand have been extreme in the last few months.	Die Schwankungsbandbreite des Südafrikanischen Rand war in den letzten paar Monaten enorm hoch.
Fixed exchange rates may help the Brazilian economy.	Feste Wechselkurse könnten der brasilianischen Wirtschaft helfen.
Sterling has a flexible exchange rate.	Der Sterling hat einen flexiblen Wechselkurs.

5

5.7 Europa

The European Community has brought about many benefits for our company.	Die Europäische Gemeinschaft hat unserem Unternehmen viele Vorteile gebracht.
The European Monetary System (EMS) controlled the exchange rates of European currencies in relation to each other.	Das Europäische Währungssystem (EWS) kontrollierte die Wechselkurse der europäischen Währungen untereinander.
The European Exchange Rate Mechanism (ERM) was designed to keep currencies within stipulated fluctuation margins.	Der Europäische Wechselkursmechanismus wurde entwickelt, um die Währungen nur innerhalb einer festgelegten Bandbreite fluktuieren zu lassen.
The European Monetary Union has improved our profit margins on exported goods.	Die Europäische Währungsunion hat die Gewinnspanne unserer Exporte verbessert.

INFO

Die Europäische Währungsunion brachte entscheidende Veränderungen für den gesamten europäischen Wirtschafts- und Finanzsektor mit sich. Deswegen sind gerade Vokabeln aus diesem Bereich von besonderem Interesse.

5

We will pay for the goods by bank transfer in euro when we receive them.	Wir werden für die Waren per Überweisung in Euro zahlen, sobald wir sie erhalten haben.
The European Annuities Market is the second largest in the world after the USA since the monetary union.	Der Europäische Rentenmarkt ist seit der Währungsunion der zweitgrößte der Welt hinter den USA.
Our company's Eurobonds are selling well, particularly in Japan.	Die Eurobonds unseres Unternehmens verkaufen sich sehr gut, vor allem in Japan.
The Euromarket is worth billions of dollars.	Der Euromarkt ist Milliarden von Dollar wert.
Their Polish company received a loan from the European Bank for Reconstruction and Development.	Ihr polnisches Unternehmen erhielt einen Kredit von der Europäischen Bank für Wiederaufbau und Entwicklung.
The European Investment Bank loaned us the necessary capital to upgrade our plant in Cork.	Die Europäische Investitionsbank hat uns das notwendige Kapital zum Ausbau unserer Fabrik in Cork geliehen.
If we do not win in the British courts, we will take our case to the European Parliament.	Sollten wir unseren Fall nicht vor britischen Gerichten gewinnen können, dann wenden wir uns an das Europäische Parlament.
The European Central Bank is based in Frankfurt.	Die Europäische Zentralbank hat ihren Sitz in Frankfurt.

Rätsel-Spaß

1. Verbs and Nouns
Match the verbs and nouns correctly.

a. review	a situation
b. attend	a job
c. type	a project
d. find	a home page
e. attach	an e-mail
f. finish	a form
g. play	a defect
h. discover	a CV
i. visit	a questionnaire
j. complete	a meeting
k. fill in	a role
l. send	a file

2. Telephone Phrases
These typical telephone call phrases are in the wrong word order.
Can you find the correct order?

a. I'll called let know her you

_____

b. speak please louder you a could little ?

_____

c. calling you thank for

_____

INFO

d. I'll through her put to colleague you

_____

e. you wrong I`m the sorry have number

_____

f. him you ring mobile his on can back ?

_____

3. Odd one out
Which word doesn't belong?

a. laptop, mobile, filofax, pager   _____
b. Paris, Rome, Budapest, Germany   _____
c. nil, nothing, ten, naught   _____
d. receiver, handset, buttons, clock   _____
e. pie, graph, summary, bar   _____
f. secretary, clerk, manager, customer   _____
g. flip chart, handout, leaflet, mobile _____
h. forward, send, receive, post   _____
i. Easter, spring, autumn, summer   _____
j. euro, dollar, franc, pound   _____
k. mouse, key, pencil, drive   _____
l. reduce, decrease, rise, go down   _____

Lösungen:

1. a. review a situation b. attend a meeting c. type a CV d. find a job e. attach a file f. finish a projekt g. play a role h. discover a defect i. visit a home page j. complete a questionnaire k. fill in a form l. send an e-mail

2. a. I'll let her know you called. b. Could you speak a little louder, please? c. Thank you for calling. d. I'll put you through to her colleague. e. I'm sorry, you have the wrong number. f. Can you ring him back on his mobile?

3. a. filofax b. Germany c. ten d. clock e. summary f. customer g. mobile h. receive i. Easter j. dollar k. pencil l. rise

INFO

6. Telefonieren

6

Is that Smith & Co.? (US: Is this ...)	Bin ich richtig bei Smith & Co.?
David Jones here from Smith & Co., may I speak to .... please?	Hier David Jones von Smith & Co., kann ich bitte mit ... sprechen?
Could you put me through to ... please?	Könnten Sie mich bitte mit ... verbinden?
Is ... available?	Ist ... zu sprechen?
May I speak to someone in the sales department?	Könnten Sie mich bitte mit der Verkaufsabteilung verbinden?
I'll try again this afternoon.	Ich probiere es noch einmal heute Nachmittag.

I'm sorry, I've dialled (US: dialed) the wrong number.	Es tut mir leid, ich habe mich verwählt.
I can't hear you very clearly, it's a bad line.	Ich kann Sie nur undeutlich verstehen, die Verbindung ist sehr schlecht.
Who would you like to speak to?	Wen möchten Sie sprechen?
Who's speaking please?/ May I ask who's calling?	Mit wem spreche ich bitte?
Could I have your name, please?	Könnten Sie mir bitte Ihren Namen sagen?
I'm sorry, he's on the other line at the moment.	Es tut mir leid, er spricht gerade auf der anderen Leitung.

Sorry, he's not in right now.	Tut mir leid, er ist im Augenblick nicht im Büro.
Please hold the line.	Bleiben Sie am Apparat.
Would you like to hold, or should he call you back?	Möchten Sie warten oder soll er Sie zurückrufen?
May I give him a message?	Kann ich ihm etwas ausrichten?
Can he call you back?	Kann er Sie zurückrufen?
Would you hold the line for a moment, I'll just put you through.	Warten Sie einen Moment, ich verbinde Sie.
Speaking.	Am Apparat.
How can I help you?	Wie kann ich Ihnen behilflich sein?
What is the subject of your call?	Worum geht es bitte?
I'm afraid she's away on business this week.	Leider ist sie diese Woche geschäftlich unterwegs.
I'm sorry, but he's at the Munich fair all week.	Es tut mir leid, aber er ist die ganze Woche auf der Münchener Messe.
He's on holiday (US: on vacation) until the end of next week.	Er befindet sich bis Ende nächster Woche in Urlaub.
May I put you through to her assistant/her secretary?	Kann ich Sie mit ihrer Assistentin/ ihrer Sekretärin verbinden?
I have already called twice today.	Ich habe heute schon zweimal angerufen.

INFO

„Einmal" wird nicht mit "one time" übersetzt, sondern "once", „zweimal" mit "twice". Erst ab „dreimal" heißt es "three times, four times ...". "One time" bedeutet „ehemalig" oder „einmalig" und "two-time" heißt „betrügen"!

May I take your name and number and get someone to call you back?	Kann ich Ihren Namen und Ihre Telefonnummer notieren? Es wird Sie dann jemand zurückrufen.
All of our sales team are presently unavailable.	Alle unsere Verkäufer sind zurzeit nicht zu erreichen.

He's just taking his lunch break.	Er hat gerade Mittagspause.
He's in a meeting this morning, could you call back again this afternoon?	Heute Vormittag hat er eine Besprechung, könnten Sie heute Nachmittag wieder anrufen?
She has asked for no calls to be put through.	Sie hat mich gebeten, keine Anrufe durchzustellen.
OK, I'll call back later.	Gut, ich rufe später zurück.
All right, I'll try again this afternoon.	In Ordnung, ich probiere es noch einmal heute Nachmittag.
Could he give me a call back?	Könnte er mich zurückrufen?
I would just like to reconfirm our meeting tomorrow at 11 a.m.	Ich möchte nur unsere Besprechung morgen um 11.00 Uhr bestätigen.
When would be the best time to reach you?	Wann wäre die beste Zeit, Sie zu erreichen?
I'll be out of the office for the rest of the day.	Ich bin den Rest des Tages nicht mehr im Büro.

INFO

Vorsicht bei Präpositionen der Zeit: "Can we meet at 10 a.m. on Tuesday?". "At" verwendet man in Zusammenhang mit einer bestimmten Uhrzeit, "on" mit einem bestimmten Tag.

7. Geschäftsreisen

7

7.1 Terminvereinbarung

May I come and visit you?	Kann ich Sie besuchen kommen?
Can we arrange a meeting?	Können wir ein Treffen vereinbaren?
I think we should meet.	Ich glaube, wir sollten uns treffen.
I would like an appointment to see Mr. Green, please.	Ich möchte bitte einen Termin bei Herrn Green.
This is best discussed face to face.	Wir sollten es besser persönlich besprechen.
When could we meet?	Wann könnten wir uns treffen?
When would it suit you?	Wann würde es Ihnen passen?
Is next Tuesday OK with you?	Passt es Ihnen nächsten Dienstag?
Let me check my appointment book.	Lassen Sie mich in meinem Terminkalender nachsehen.
I'll check with my secretary.	Ich frage bei meiner Sekretärin nach.
About 3 o'clock?	Gegen 15 Uhr?
I'll just see if I have any appointments on that day.	Ich sehe nur nach, ob ich an dem Tag irgendwelche Termine habe.
Four o'clock next Thursday?	16 Uhr nächsten Donnerstag?
I'll see if he's free.	Ich sehe nach, ob er Zeit hat.
He won't be in until about 10 a.m.	Er wird nicht vor 10 Uhr hier sein.
He has a meeting in the city in the morning.	Er hat vormittags eine Verabredung in der Stadt.
Could we make it a bit earlier/later?	Ginge es ein bisschen früher/später?
He has a meeting all day, how about Tuesday morning?	Er hat den ganzen Tag eine Besprechung, wie wäre es mit Dienstagvormittag?
He won't be back from holiday (US: back from vacation) until next Thursday.	Er ist bis nächsten Donnerstag im Urlaub.

INFO

Im Englischen wird die 24-Stunden-Zeitskala kaum benutzt, sondern die 12-Stunden-Skala in Verbindung mit a.m. oder p.m. 5.30 Uhr heißt also "5.30 a.m." und 17.30 Uhr ist "5.30 p.m." Stattdessen kann man auch "five thirty in the morning" oder "five thirty in the afternoon" sagen. Besonders zu beachten ist die Zeitangabe "half …". Sollte ein Engländer z. B. "half five" sagen, meint er damit "half past five", also halb sechs! Um Missverständnisse zu vermeiden, sagt man zu „halb sechs" am besten einfach "five thirty".

Should we say Monday at 10 a.m.?	Sollen wir Montag um 10 Uhr sagen?
Let me check with John whether he can make it as well.	Lassen Sie mich bei John nachfragen, ob er auch kommen kann.
Can you join us next Monday at 4 p.m.?	Können Sie am nächsten Montag um 16 Uhr teilnehmen?
Where should we meet, in your office?	Wo sollen wir uns treffen, in Ihrem Büro?

7.2 Reservierungen/Hotel

In the reception hall (US: lobby).	In der Eingangshalle.
Thursday is a holiday.	Donnerstag ist ein Feiertag.
Let me check my appointment book.	Lassen Sie mich in meinem Terminkalener nachsehen.
Do you have any vacancies?	Haben Sie freie Zimmer?
I would like to book a room.	Ich würde gerne ein Zimmer buchen.
We have singles and doubles.	Wir haben Einzel- und Doppelzimmer.
I would need the room for two nights.	Ich würde das Zimmer für zwei Nächte brauchen.
Will there be a restaurant and a bar?	Gibt es dort ein Restaurant und eine Bar?

7

How will I get there from the bus station?	Wie werde ich von der Bushaltestelle dorthin kommen?
We would like to place a reservation for a conference room.	Wir würden gerne einen Konferenzraum reservieren.
Could you fax this for me?	Können Sie mir das durchfaxen?
Please charge everything to my account.	Bitte schreiben Sie alles auf meine Rechnung.
Please charge this to my credit card.	Bitte buchen Sie das von meiner Kreditkarte ab.
I would need a data projector.	Ich würde einen Beamer brauchen.
I'm sorry, we're fully booked due to the exhibition starting next week.	Es tut mir leid, wir sind völlig ausgebucht wegen der Messe nächste Woche.
Maybe you could try the Regency.	Vielleicht versuchen Sie es beim Hotel Regency.
Do you have special rates for business travellers?	Haben Sie Sondertarife für Geschäftsreisende?
Could you confirm the reservation by fax?	Können Sie die Reservierung bitte per Fax bestätigen?
Could you let me have the full address and telephone and fax numbers, please?	Können Sie mir bitte die vollständige Adresse sowie die Telefon- und die Faxnummer geben?
Is it possible to get more information through the internet?	Ist es möglich, über das Internet mehr Informationen zu bekommen?
There's a photo of our hotel on our internet homepage.	Es gibt ein Foto unseres Hotels auf unserer Internet-Homepage.
Thank you for your assistance.	Vielen Dank für Ihre Hilfe.
What is the best way to get to the hotel from the airport?	Wie kommt man am besten vom Flughafen zum Hotel?
There is a shuttle bus to the main station every twenty minutes, the hotel is just around the corner.	Ein Pendelbus fährt alle zwanzig Minuten zum Hauptbahnhof, das Hotel ist gleich um die Ecke.
There is a map on our homepage where you can see how to get to us.	Auf unserer Homepage ist eine Karte, der Sie entnehmen können, wie Sie zu uns finden.

7.3 Verkehrsmittel

When does the next flight to London leave?	Wann geht der nächste Flug nach London?
Is it possible to change my ticket to stop over in Chicago for two days?	Kann ich eventuell mein Ticket umtauschen, damit ich zwei Tage in Chicago bleiben kann?
Is there somewhere here where I can rent a car?	Kann ich hier irgendwo ein Auto mieten?
Could you please tell me where I can find the closest car rental?	Könnten Sie mir bitte sagen, wo ich die nächste Autovermietung finde?
How much are the costs for a rental car?	Was kostet ein Mietwagen?
Does the price include tax, insurance and free mileage?	Beinhaltet der Preis Steuer, Versicherung und unbeschränkte Meilen?
What about oneway rentals?	Wie ist es mit „Oneway"-Mieten?
Where is the nearest taxi stand?	Wo ist der nächste Taxistand?

7.4 Ankunft und Empfang

Good morning, how are you?	Guten Morgen, wie geht es Ihnen?
I am fine, thank you.	Mir geht es gut, danke.
Nice to meet you.	Schön, Sie kennenzulernen.

> **INFO**
>
> Die englischen Grußformen "Nice to meet you." oder seltener "How do you do?", benutzt man, wenn einem jemand vorgestellt wird. Sie heißt in diesem Fall „Guten Tag/Angenehm!". „Wie geht's?" wird mit "How are you?" ausgedrückt. Diese Wendung hört man vor allem in den USA. Die Antwort auf eine solche Frage lautet meist "Fine, thank you.", und ihr folgt die Gegenfrage "(And) how are you?".

7

Hello, it's nice to see you again.	Guten Tag, schön, Sie wieder zu sehen.
I'm here to see Mr. Lewis.	Ich bin mit Herrn Lewis verabredet.
I have an appointment with Mr. Green.	Ich habe eine Verabredung mit Herrn Green.
Is Mr. Tench expecting you?	Erwartet Herr Tench Sie?
Would you like to wait for him in this room?	Möchten Sie hier in diesem Zimmer auf ihn warten?
Please take a seat.	Bitte nehmen Sie Platz.
Please make yourself comfortable.	Bitte machen Sie es sich bequem.
He'll be along shortly.	Er kommt sofort.
May I offer you a cup of coffee?	Darf ich Ihnen eine Tasse Kaffee anbieten?
With milk and sugar?	Mit Milch und Zucker?
Would you like some tea?	Möchten Sie eine Tasse Tee?
Would you like something to drink?	Möchten Sie etwas trinken?
Can I get you some more tea?	Kann ich Ihnen noch etwas Tee anbieten?
I'm afraid we have run out of biscuits (US: cookies).	Es tut mir leid, aber wir haben keine Kekse mehr.
Is there somewhere I can hang my coat?	Kann ich irgendwo meinen Mantel aufhängen?
May I use the phone?	Darf ich telefonieren?

INFO

Einem Geschäftspartner bei der Begrüßung die Hand zu geben, ist im englischsprachigen Raum genauso üblich wie in Deutschland. Man sollte sich allerdings merken, dass dies dort im Privatleben sehr ungewöhnlich ist und eine gewisse Distanz zur Person zeigt. Bei geschäftlichen Treffen in den USA ist nach der Begrüßung eine entspannte Haltung, bei der auch mal die Hände in den Hosentaschen verschwinden können, durchaus nichts Anstößiges.

Is there a phone here I can use?	Kann ich hier irgendwo telefonieren?
Could you fax this through to my company in London?	Könnten Sie dies bitte an meine Firma in London faxen?
Did you have a good flight?	Hatten Sie einen guten Flug?
Could you dial this number for me?	Könnten Sie für mich diese Nummer anwählen?
How was your trip?	Wie war die Reise?/Wie war Ihr Flug?
I'll have our driver pick you up at about 1.30 p.m.	Ich werde unserem Fahrer sagen, dass er Sie gegen 13.30 Uhr abholen soll.
When are you leaving Germany?	Wann verlassen Sie Deutschland?

INFO

In der englischsprachigen Welt werden Geschäfte auf einer persönlicheren Basis getätigt, d. h. wenn man das erste Mal mit einer Firma/einer Person Kontakt aufnimmt, benutzt man die formelle Form Mr. für Männer oder Mrs./Miss/Ms. für Frauen als Anrede. Dabei bezeichnet Mrs. eine verheiratete Frau, Miss eine ledige Frau, während Ms. im modernen geschriebenen Englisch bei Unsicherheit eingesetzt wird oder um das altmodische Miss zu vermeiden. Nach dem ersten oder zweiten Kontakt benutzt man des Öfteren einfach den Vornamen bzw. es wird einem angeboten: "Please call me David." Die Form Mr./Mrs. ist normalerweise höherrangigen Personen vorbehalten, z. B. Geschäftsführern oder älteren Personen. Auch wenn man telefoniert, stellt man sich mit Vor- und Nachnamen vor: "My name is David Smith from Smith & Co." und nicht wie im Deutschen üblich nur mit Nachnamen. In England/USA werden sogar in den meisten Firmen die direkten Vorgesetzten mit Vornamen angesprochen.

When are you going back to the States?	Wann fliegen Sie zurück in die Vereinigten Staaten?
What time are you leaving?	Um wie viel Uhr fliegen/fahren Sie ab?

7

Smalltalk ist bei Geschäftstreffen jeder Art von großer Bedeutung. Sowohl für Besucher als auch für Gastgeber ist es wichtig, dass eine ungezwungene Atmosphäre geschaffen wird. Schon die Nachfrage nach dem Wohlergehen der Familie oder die Frage, ob im Hotel alles zufriedenstellend war, kann das Klima erheblich verbessern. Gelegenheiten dafür gibt es viele: bei Kaffeepausen, Geschäftsessen oder abends an der Bar. Es ist tatsächlich wahr, dass Engländer z. B. gerne und viel über das Wetter reden, aber natürlich gibt es auch noch andere Themen.

7.5 Smalltalk

Is it much colder in Germany than here in winter?	Ist es in Deutschland im Winter viel kälter als hier?
I hope that the weather was better in Hannover than it is here this morning.	Ich hoffe, dass das Wetter in Hannover heute Morgen besser war als hier.
The sun shone every day last week but that's very unusual for this time of year.	Letzte Woche schien die Sonne jeden Tag, aber das ist sehr ungewöhnlich zu dieser Jahreszeit.
This rain is terrible, it's a shame that you can't see Liverpool on a sunny day.	Dieser Regen ist schrecklich, es ist schade, dass Sie Liverpool nicht an einem sonnigen Tag sehen können.

INFO

Ein naheliegendes Thema beim Smalltalk zwischen Geschäftsleuten sind allgemeinere Themen aus der Wirtschaft und die unterschiedlichen Geschäftsformen und Kulturen in den jeweiligen Ländern.

Is doing business here very different from doing business in Britain?	Unterscheidet sich das Geschäftsleben hier sehr stark von dem in Großbritannien?

How long have you been working for H.G.C. Limited?	Wie lange sind Sie schon bei H.G.C. Limited?
Are you a member of an employer's association?	Sind Sie ein Mitglied des Arbeitgeberverbandes?
His latest business venture is proving to be a cash cow.	Sein letztes Geschäft hat sich als wahrer Goldesel herausgestellt.
Do you travel abroad much on business?	Machen Sie viele Geschäftsreisen ins Ausland?
Is there a strong work ethic in the US?	Gibt es eine starke Arbeitsmoral in den USA?
The Chancellor of the Exchequer (US: Finance Minister) resigned at the weekend.	Der Finanzminister ist am Wochenende zurückgetreten.
The balance of payments deficit in the UK contrasts starkly with the balance of payments surplus in Germany.	Das Zahlungsbilanzdefizit in Großbritannien steht in völligem Gegensatz zum Zahlungsbilanzüberschuss in Deutschland.
The economic recovery in New Zealand won't last.	Der Konjunkturaufschwung in Neuseeland wird nicht von Dauer sein.

INFO

Das Besuchen von Sehenswürdigkeiten ist fester Bestandteil von vielen Geschäftsreisen. Besonders im britischen Englisch ist es dabei höflich, Empfehlungen von Attraktionen, Geschäften oder Restaurants in der Frageform auszusprechen.

I don't know if you enjoy the theatre ...?	Mögen Sie Theater?
I don't know whether this exhibition would interest you ...?	Würde Sie diese Ausstellung interessieren?
If you are interested in art, one possibility for this afternoon would be visiting the Alte Pinakothek here in Munich.	Wenn Sie an Kunst interessiert sind, gäbe es hier in München die Alte Pinakothek, die wir besuchen könnten.

7

Would an evening at the opera be of interest to you?	Wären Sie an einem Abend in der Oper interessiert?
I don't know whether you were considering any sight-seeing ...?	Hatten Sie geplant, einige Sehenswürdigkeiten zu besuchen?
Are you interested in history?	Sind Sie an Geschichte interessiert?
Do you like classical music?	Mögen Sie klassische Musik?
Do you enjoy shopping?	Gehen Sie gerne einkaufen?

INFO

Wenn man auf Geschäftsreise in Großbritannien ist, dann ist es gut möglich, dass einem das "half-day closing" begegnet. Dies ist ein Tag unter der Woche, an dem die Geschäfte, insbesondere in kleineren Städten, um 12 Uhr schließen oder gar nicht öffnen.

It's half-day closing today – if you need anything from the shops you should go this morning.	Die Geschäfte schließen heute schon mittags. Wenn Sie noch etwas einkaufen wollen, sollten Sie das heute Morgen erledigen.
There are some very good shops in the town centre.	Es gibt einige sehr gute Geschäfte in der Stadtmitte.
Market day is Wednesday in Leek.	In Leek ist am Mittwoch Markttag.
In London, one of the most famous shopping streets is Oxford Street.	Eine der bekanntesten Einkaufsstraßen in London ist die Oxford Street.
What is it like in Frankfurt?	Wie ist es in Frankfurt?

INFO

Das englische Wort "like" hat zwei sehr verschiedene Bedeutungen. Zum einen übersetzt man damit das deutsche Verb „mögen", zum Beispiel bedeutet "I like tea." „Ich mag Tee." Doch in einem anderen Sinn übersetzt man die englische Präposition "like" mit „wie" als qualitative Bestimmung. Beispielsweise bedeutet die Frage "What's it like?" „Wie ist es?".

Where do you live in Germany?	Wo leben Sie in Deutschland?
Do you like living in London?	Leben Sie gerne in London?
Do you prefer living in Leipzig or in Berlin?	Leben Sie lieber in Leipzig oder in Berlin?
Are you married?	Sind Sie verheiratet?
No, I'm divorced/separated/single.	Nein, ich bin geschieden/lebe getrennt/bin ledig.
Do you have a family?	Haben Sie Familie?
Does your husband work?	Arbeitet Ihr Mann?
What does he do?	Was macht er?
How old are your children?	Wie alt sind Ihre Kinder?
Do you have a large family?	Haben Sie eine große Familie?
Do you ski?	Fahren Sie Ski?
Have you ever been horse-riding?	Sind Sie schon mal geritten?
Do you like playing squash?	Spielen Sie gerne Squash?
Have you ever tried sailing?	Haben Sie schon mal Segeln versucht?
Do you enjoy jogging?	Mögen Sie Jogging?
Do you play tennis?	Spielen Sie Tennis?
Do you like doing crossword puzzles?	Lösen Sie gerne Kreuzworträtsel?
Do you play chess?	Spielen Sie Schach?
Have you ever been to Italy?	Waren Sie schon mal in Italien?
Can you speak French?	Sprechen Sie Französisch?
Where did you go on holiday (US: vacation) last summer?	Wo haben Sie letzten Sommer Ihren Urlaub verbracht?
Was the weather nice?	Hatten Sie gutes Wetter?
What did you do?	Was haben Sie gemacht?
Did you have a nice time?	Hat es Ihnen gefallen?
What was it like there?	Wie war es da?
Was it very different to the US?	War es sehr anders als in den USA?
Where would you like to go for lunch?	Wo möchten Sie zu Mittag essen?
Do you like Japanese food?	Mögen Sie japanisches Essen?

7

Would you like to try traditional German food?	Mögen Sie die traditionelle deutsche Küche?
Are you vegetarian?	Sind Sie Vegetarier?
I am allergic to nuts.	Ich bin gegen Nüsse allergisch.
I don't like spicy food.	Ich esse nicht gerne scharf.

INFO

Die klassische Situation für Smalltalk ist das Geschäftsessen. Deutlich wird das an der großen Variation an Begriffen, die Briten und Amerikaner für diese Gelegenheit entwickelt haben. Ausdrücke wie "power lunch", "working lunch" und "business lunch" zeigen die Bedeutung dieser Treffen. Nach einer anstrengenden Sitzung ist die entspannende Atmosphäre eines solchen Essens optimal geeignet, um verfahrene Situationen bei einem netten Plausch zu lösen. Ähnliches kann natürlich auch beim Kaffee oder abends an der Bar geschehen.

Are you ready to order?	Möchten Sie jetzt bestellen?
I think I need a few more minutes to read the menu.	Ich denke ich brauche noch ein paar Minuten, um die Speisekarte zu lesen.
I would like the dish of the day with a side salad, please.	Ich hätte gerne das Tagesgericht und als Beilage einen Salat, bitte.
Would you like a starter?	Möchten Sie eine Vorspeise?
Yes, please. I would like the smoked salmon paté.	Gerne. Ich möchte die Pastete vom geräucherten Lachs.
What would you like to drink?	Was möchten Sie trinken?

INFO

Im englischsprachigen Raum ist es normal, dass man in Restaurants kostenlos Leitungswasser bekommt. Daher mag es Gäste aus Großbritannien/USA überraschen, wenn sie in Deutschland für ihr Wasser bezahlen müssen.

I would like a glass of mineral water, please.	Ich hätte gerne ein Glas Mineralwasser, bitte.

7

Could I have a glass of water, please?	Kann ich ein Glas Leitungswasser haben, bitte?
Would you prefer red or white wine?	Möchten Sie lieber Rotwein oder Weißwein?
Would you like some coffee?	Möchten Sie einen Kaffee?
Yes please, white, no sugar.	Ja, bitte, mit Milch und ohne Zucker.
Can I get you anything else?	Möchten Sie etwas anderes?
No, I'm fine, thank you.	Nein danke.

> **INFO**
>
> In Restaurants wird im englischsprachigen Raum Trinkgeld genauso wie in Deutschland gegeben, wobei in den USA die Untergrenze bei 10 % liegt, weil das Personal hauptsächlich von den Trinkgeldern lebt.

Could we have the bill, please?	Können wir zahlen, bitte?
What would you like to drink?	Was möchten Sie trinken?
I'll get these.	Ich zahle diese Runde.
Is it my round?	Ist es meine Runde?

> **INFO**
>
> Obwohl es im Englischen von wesentlicher Bedeutung ist, höflich zu sein und sich das meist mit einer indirekten grammatikalischen Form ausdrücken lässt, darf man nicht in jeder Situation indirekt sein. Wenn man zum Beispiel sagen will, dass man zahlen möchte, muss man darauf achten, nicht zu unsicher zu klingen. Angemessen wäre hier beispielsweise: "Let me pay for this." (als Vorschlag), unangemessen dagegen wäre "Would you like me to pay for this?" (als Frage). Denn die indirekte Form bedeutet in diesem Kontext in etwa „Ich zahle ungern, aber wenn es sein muss ...".

I'd like two brandys, please – and have one yourself.	Ich hätte gerne zwei Weinbrand, bitte – und nehmen Sie auch einen. (als Trinkgeld in Großbritannien)

7

Der Pub ist ein zentrales Element des britischen Lebensstiles. Aber auch in den USA ist das Gespräch an der Bar nicht ungewöhnlich. Allerdings bestehen zwischen den beiden Ländern untereinander und im Vergleich zu Deutschland erhebliche Unterschiede sowohl beim Bestellen als auch beim Bezahlen und beim Trinkgeld. In beiden Ländern werden Getränke direkt an der Bar bestellt und jedes Mal sofort bezahlt. Meistens tut man dies in Runden. Allerdings gibt man in Großbritannien dabei normalerweise kein Trinkgeld. In den USA dagegen gilt auch hier wie im Restaurant die Untergrenze von 10 %.

Same again, please.	Dasselbe nochmal, bitte.
Are we allowed to smoke here?	Darf man hier rauchen?
Could we have an ashtray, please?	Können wir einen Aschenbecher haben, bitte?
Last orders at the bar, please!	Letzte Bestellungen vor der Sperrstunde, bitte!
What time does your train leave?	Um wie viel Uhr geht Ihr Zug?
Was the hotel to your satisfaction?	War das Hotel zufriedenstellend?
It was a pleasure doing business with you.	Es war mir ein Vergnügen, mit Ihnen Geschäfte zu machen.

INFO

Sowohl in den englischsprachigen Ländern als auch in Deutschland ist ein höfliches Abschiedsgespräch von großer Bedeutung. Ein freundliches Kompliment, eine interessierte Nachfrage zum Aufenthalt untermauert und festigt die Geschäftsbeziehung und erlaubt es, sich gegenseitig die Absicht zu weiteren Treffen zu versichern.

I hope you enjoyed your stay in Germany.	Ich hoffe, Sie hatten einen angenehmen Aufenthalt in Deutschland.
Likewise.	Danke, gleichfalls.
I hope that we can continue to work together in the future.	Ich hoffe, dass wir auch in Zukunft zusammenarbeiten werden.

I'll e-mail you to keep you posted of new developments.	Ich werde Ihnen mailen, um Sie über neue Entwicklungen auf dem Laufenden zu halten.
If you have any queries, please do not hesitate to contact us.	Sollten Sie noch Fragen haben, zögern Sie bitte nicht, mit uns in Kontakt zu treten.
We'll see each other at the conference next month.	Wir sehen uns nächsten Monat auf der Tagung.
I hope we have the opportunity to discuss these developments face to face in the near future.	Ich hoffe, wir werden in naher Zukunft die Gelegenheit haben, diese Entwicklungen persönlich zu besprechen.
Goodbye. It was a pleasure to meet you.	Auf Wiedersehen. Es war ein Vergnügen, Sie kennengelernt zu haben.
I'm glad to have made your acquaintance.	Ich bin erfreut, Ihre Bekanntschaft zu machen.
I'd like to visit Scotland some day, especially the highlands.	Ich würde gerne mal nach Schottland fahren, besonders in die Highlands.
Edinburgh is well worth a vist, too. Perhaps next year, I should visit Scotland.	Auch Edinburgh ist eine Reise wert. Vielleicht sollte ich nächstes Jahr in Schottland Urlaub machen.

7

7.6 Typische Redewendungen

I have heard that their finances are in a sorry state of affairs.	Ich habe gehört, dass Ihre Finanzen in einem traurigen Zustand sind.
I think the dispute was definitely a case of six of one and half a dozen of the other.	Ich glaube, der Streit war sicherlich von beiden Seiten gleichermaßen verursacht.
I am determined to get to the bottom of this issue.	Ich bin gewillt, dieser Sache auf den Grund zu gehen.
Our new products will be launched and on the market next week.	Unser neues Produkt wird nächste Woche auf dem Markt lanciert.
I must say, we don't seem to have much room for manoeuvre.	Ich muss sagen, wir haben nur begrenzten Handlungsspielraum.
At least we had the last word.	Zumindest hatten wir das letzte Wort.
There is undoubtedly room for improvement in your management strategies.	Es gibt zweifellos noch Raum für Verbesserungen in Ihren Managementstrategien.
He knows all the tricks of the trade.	Er kennt alle Tricks in seinem Geschäft.
His arguments cut no ice with me.	Seine Argumente machen keinen Eindruck auf mich.
Our latest series of advertisements are designed with the man in the street in mind.	Unsere letzte Anzeigenserie wurde für den Mann auf der Straße entworfen.
I would be grateful if you could show Clare the ropes.	Ich wäre sehr dankbar, wenn Sie Clare herumführen könnten.
She doesn't seem able to make up her mind.	Sie scheint nicht zu wissen, was sie will.
I had the feeling they were looking down their noses at me.	Ich hatte das Gefühl, dass sie äußerst hochnäsig mir gegenüber waren.

When I caught her secretary's eye I had the feeling that she knew something.	Als ich ihrer Sekretärin einen Blick zuwarf, hatte ich das Gefühl, dass sie etwas wusste.
My suggestion was met with a general raising of eyebrows.	Mein Vorschlag rief ein allgemeines Stirnrunzeln hervor.
Your experience here with us will stand you in good stead when furthering your career.	Ihre Erfahrung hier bei uns wird sehr nützlich für Ihre spätere Karriere sein.
A stitch in time saves nine.	Vorsicht ist besser als Nachsicht.
It would have been better to have fully repaired our machinery in 1993 – as they say, a stitch in time …	Es wäre besser gewesen, wenn wir unsere Maschinenanlage 1993 vollständig repariert hätten – das hätte uns viel Ärger erspart.
When the cat's away, the mice will play.	Wenn die Katze aus dem Haus ist, tanzen die Mäuse.
I'm not at all surprised that deadlines were not met in your absence – when the cat's away …	Ich bin überhaupt nicht überrascht, dass die Deadlines in deiner Abwesenheit nicht eingehalten wurden – wenn die Katze aus dem Haus ist …
Birds of a feather flock together.	Gleich und gleich gesellt sich gern.
In for a penny, in for a pound.	Wer A sagt, muss auch B sagen.
Two's company, three's a crowd.	Drei sind einer zuviel.
What you win on the swings you lose on the roundabouts.	Was man auf der einen Seite gewinnt, verliert man auf der anderen.
He has really put his foot in it.	Da ist er wirklich ins Fettnäpfchen getreten.
I think she is quite down in the dumps about the whole thing.	Ich glaube, sie ist ziemlich am Boden zerstört wegen dieser Geschichte.
She can't stand the sight of him.	Sie kann ihn nicht ausstehen.
The Clodock Herald has dragged our name through the mud.	Der Clodock Herald hat unseren Namen durch den Schmutz gezogen.
He seems to have taken quite a shine to her.	Ich glaube, er ist sehr von ihr eingenommen.

Dos and Don'ts Smalltalk

- *How are you?* Ist in erster Linie als Begrüßungsformel zu verstehen und selten eine ernsthafte Nachfrage nach dem Befinden. Es wäre deshalb unpassend, mit einer längeren Beschreibung des eigenen Befindens zu antworten. Die richtige Entgegnung ist einfach *Fine, thanks!* oder *Very well, thank you! And you?*

- In der Regel wird man entweder nur mit dem Vornamen oder mit Vor- und Nachnamen vorgestellt. Selbst bei geschäftlichen Angelegenheiten wird selten jemand mit *Mr, Mrs* usw. vorgestellt.

- Ebenso wird im Englischen nie ein bestimmter Artikel vor den Namen gestellt. Man sagt also niemals *I'm the Robert.*

- *What do you do?* bezieht sich immer auf den Beruf oder die berufliche Tätigkeit.

- Wenn man etwas nicht verstanden hat, sagt man auf Englisch niemals bloß *What?* Das wäre ausgesprochen unhöflich. Im normalen Sprachgebrauch hört man am häufigsten die Formulierungen *Sorry?* oder *Pardon?*

- Es wird in der englischen Sprache selten einfach nur mit einem *yes* oder *no* geantwortet. An diese Wörter werden in der Regel noch *I do* oder *I can* bzw. deren Verneinung angehängt. Diese Anhängsel haben zwar keinen Einfluss auf die Bedeutung; ihre Funktion besteht aber darin, die Sprache abzurunden.

- Die Briten haben eine etwas umständliche Art, um etwas zu bitten, und Ausländer können leicht unhöflich erscheinen, weil sie in ihrer Art oft direkter sind. Es ist deshalb wichtig, nicht einfach *Can I have...* oder *Can you ...* zu sagen, sondern eine Formulierung wie beispielsweise *Would it be possible to...* oder *Do you think I could...* zu verwenden.

- Wenn man jemandem etwas gibt, sagt man nicht *Please*, sondern *Here you are* oder *Here it is*.

- Die passende Antwort auf *Thank you!* Ist nicht Please, sondern *You're welcome*.

- Das deutsche *Keine Ursache!* heißt *Don't mention it!* oder *Not at all!*

- Im Englischen ist es äußerst wichtig, sich immer ausführlich zu entschuldigen. Alles andere würde als sehr unhöflich angesehen. Es ist sogar üblich, sich selbst dann zu entschuldigen, wenn eigentlich ein anderer Schuld trägt. Passende Formulierungen wären beispielsweise *I'm afraid that...* oder *I'm terribly sorry...*

- Im Englischen sagt man niemals *Greet your mother from me*. Stattdessen verwendet man *Give my regards to your mother*, wenn man sehr förmlich ist, oder sagt *Say hello to your mother from me,* wenn man bereits gut miteinander bekannt ist.

INFO

8. Besprechungen

8.1 Präsentationen

We will schedule our next quarterly meeting for …

Wir werden unsere nächste Quartalsbesprechung für … ansetzen.

We should notify the participants of the next annual production meeting as soon as possible.

Wir sollten die Teilnehmer der nächsten Jahresproduktionsbesprechung so schnell wie möglich benachrichtigen.

Handouts containing the agenda should be sent out beforehand to everybody.

Handouts mit der Tagesordnung sollten vorab an alle verschickt werden.

Will all the staff be able to come?

Wird die gesamte Belegschaft kommen können?

Shall we postpone the meeting?

Sollen wir die Besprechung auf später verschieben?

Should we settle on a later date?

Sollten wir uns auf einen späteren Termin einigen?

Would it be better to cancel the meeting altogether?

Wäre es besser, die Besprechung ganz abzusagen?

Ladies and gentlemen, welcome to today's meeting.

Meine Damen und Herren, ich begrüße Sie zur heutigen Sitzung.

Ladies and gentlemen, I am happy to welcome you to our annual business meeting.

Meine Damen und Herren, ich freue mich, Sie zu unserer jährlichen Geschäftsbesprechung willkommen zu heißen.

Welcome and thank you for coming today.

Herzlich willkommen und vielen Dank, dass Sie heute erschienen sind.

Ladies and gentlemen, we are here today to listen to Mrs. Smith's presentation on …

Meine Damen und Herren, wir haben uns heute hier versammelt, um Frau Smiths Präsentation über … zu hören.

We have an extremely important session today.	Wir haben heute eine ausgesprochen wichtige Sitzung.
This month's meeting will have the following subject: ...	Die Besprechung dieses Monats hat folgendes Thema: ...
The subject of tomorrow's session has been decided on by Mr. ...	Das Thema der morgigen Sitzung hat Herr ... bestimmt.
Mr. Daniel's talk on ... will introduce us to today's topic.	Herrn Daniels Vortrag ... wird uns in das heutige Thema einführen.
It is my pleasure to introduce our guest, Mrs. Green, to you.	Es ist mir eine Freude, Ihnen unseren Gast, Frau Green, vorzustellen.
We are pleased to have Mr. Alfons as our guest.	Wir freuen uns, Herrn Alfons als unseren Gast zu haben.
I am sorry to announce that Mr. Wilbert will be late.	Es tut mir leid, Ihnen mitteilen zu müssen, dass Herr Wilbert sich verspäten wird.
We will begin the meeting in five minutes.	Wir werden in fünf Minuten mit der Besprechung beginnen.
I hope that we will have an interesting discussion.	Ich hoffe, dass wir eine interessante Diskussion haben werden.
We will start even if not everybody has arrived.	Wir werden beginnen, auch wenn noch nicht alle da sind.
Handouts are provided for every member.	Jedes Mitglied bekommt ein Informationsblatt.
The agenda has been handed out in advance.	Die Tagesordnung ist schon vorab ausgeteilt worden.
Everybody should have a detailed description of today's topic.	Jeder sollte im Besitz einer detaillierten Beschreibung des heutigen Themas sein.
On the handout you can see this meeting's agenda.	Der Tischvorlage können Sie die Tagesordnung dieser Besprechung entnehmen.
The meeting will follow the items on the agenda.	Die Sitzung wird den Punkten der Tagesordnung folgen.
Items can be added to today's agenda.	Der Tagesordnung können Punkte hinzugefügt werden.

8

Items can be deleted from the agenda.	Es können Punkte von der Tagesordnung gestrichen werden.
We need somebody to keep the minutes.	Wir brauchen jemanden, der Protokoll führt.
Somebody has to be appointed to keep the minutes.	Irgendjemand muss dazu ernannt werden, Protokoll zu führen.
Mr. Wilson, would you be so kind to keep the minutes today?	Herr Wilson, wären Sie so freundlich, heute Protokoll zu führen?
If nobody volunteers I will have to appoint someone.	Falls sich niemand freiwillig meldet, muss ich jemanden bestimmen.
Before going into detail I will give you the necessary background information.	Bevor ich ins Detail gehe, werde ich Ihnen die notwendigen Hintergrundinformationen geben.
I am going to confront you with some controversial issues.	Ich werde Sie mit einigen sehr umstrittenen Punkten konfrontieren.
Some problematic aspects will be raised during Mr. Daniel's talk.	Während Herrn Daniels Vortrag werden einige problematische Aspekte aufgeworfen werden.
Due to the controversial topic of the presentation we will probably have a very lively discussion.	Aufgrund des umstrittenen Themas der Präsentation werden wir wahrscheinlich eine sehr lebhafte Diskussion haben.
Could you please hold back all questions and comments until after I am done?	Könnten Sie bitte alle Fragen und Anmerkungen zurückhalten, bis ich fertig bin?
I would prefer answering any questions after having finished my talk.	Ich würde es vorziehen, Fragen erst zu beantworten, nachdem ich meinen Vortrag beendet habe.
If any questions arise please do not hesitate to interrupt me.	Falls irgendwelche Fragen aufkommen, scheuen Sie sich bitte nicht, mich zu unterbrechen.
Ms. Maier will be happy to reply to your comments any time.	Frau Maier wird gerne jederzeit auf Ihre Kommentare eingehen.
Please feel free to interrupt me any time.	Bitte zögern Sie nicht, mich jederzeit zu unterbrechen.

There will be enough time for questions and comments after the presentation.	Im Anschluss an die Präsentation wird genug Zeit für Fragen sein.
After the first half of the presentation there will be a break of ten minutes.	Nach der ersten Hälfte der Präsentation wird es eine Pause von zehn Minuten geben.
I will begin my presentation with giving you an overview of ...	Ich werde meine Präsentation damit beginnen, Ihnen einen Überblick über ... zu geben.
We will use slides to present the facts.	Wir werden Folien verwenden, um die Sachverhalte darzustellen.
Pie charts are best suited for the presentation of percentages.	Kreisdiagramme sind am geeignetsten für prozentuale Darstellungen.
He will be using flip charts to illustrate ...	Er wird Flipcharts zur Verdeutlichung von ... benutzen.
To show you ... I have brought some slides.	Um Ihnen ... zu zeigen, habe ich einige Folien mitgebracht.
This short film will introduce you to ...	Dieser kurze Film wird Sie mit ... vertraut machen.
I have brought a video to demonstrate ...	Ich habe ein Video mitgebracht, um zu zeigen, ...
From this table you can see ...	Aus dieser Tabelle können Sie ... entnehmen.
For this, two factors are responsible.	Hierfür sind zwei Faktoren verantwortlich.
First, ... Second, ...	Erstens, ... Zweitens, ...
I believe that there are several reasons. Firstly, ... Secondly, ...	Ich glaube, dass es verschiedene Gründe gibt. Erstens, ... Zweitens, ...
The main reason for this is, ...	Der Hauptgrund hierfür ist, ...
Furthermore, ...	Darüber hinaus/des Weiteren ...
Consequently, ...	Folglich ...
Therefore/because of this ...	Deshalb/deswegen ...
In addition, ...	Zusätzlich, ...

8

There are still the following aspects of the problem to talk about ...	Über folgende Aspekte des Problems müssen wir noch sprechen ...
I almost forgot to tell you ...	Beinahe vergaß ich, Ihnen zu sagen, dass...
I think that we have finally found a compromise.	Ich glaube, dass wir endlich einen Kompromiss gefunden haben.
The following suggestions have been made.	Folgende Vorschläge sind gemacht worden.
To present a possible way out of this conflict was the intention of my presentation.	Ziel meiner Präsentation war, einen möglichen Weg aus diesem Konflikt aufzuzeigen.
I hope that no misunderstandings will result from this paper, which I have presented here.	Ich hoffe, dass aus dem Aufsatz, den ich hier vorgestellt habe, keine Missverständnisse erwachsen.
To sum up ...	Um es zusammenzufassen ...
Finally I should say that ...	Abschließend sollte ich sagen, dass ...
With the following quotation I will bring my presentation to an end.	Mit dem folgenden Zitat möchte ich meine Präsentation beenden.
With this last statement we should open the discussion.	Mit dieser letzten Feststellung sollten wir die Diskussion eröffnen.
You may now ask all questions that arose during my presentation.	Sie dürfen jetzt sämtliche Fragen stellen, die während meiner Präsentation aufgekommen sind.
I am now willing to answer any questions.	Ich bin jetzt bereit, Fragen zu beantworten.
We can now discuss whatever you would like to be discussed.	Wir können jetzt alles diskutieren, was Sie zur Diskussion stellen möchten.
Now is the time to comment on Mr. Wilbur's point of view, which he has elaborated on this past hour.	Jetzt ist der Zeitpunkt gekommen, Herrn Wilburs Ansicht zu kommentieren, die er in der letzten Stunde ausführlich dargelegt hat.
Thank you, ladies and gentlemen, for being here today.	Meine Damen und Herren, vielen Dank, dass Sie heute gekommen sind.

Thats's all for now, thank you for listening.	Das ist fürs Erste alles; danke, dass Sie zugehört haben.
I think we should call it a day and leave this problem for the time being.	Ich denke, wir sollten Feierabend machen und dieses Problem vorläufig beiseite lassen.

8.2 Argumentation

I think that ...	Ich denke, dass ...
I believe that ...	Ich glaube, dass ...
I am sure/certain that ...	Ich bin sicher, dass ...
I am absolutely sure that ...	Ich bin absolut sicher, dass ...
In my opinion ...	Meiner Ansicht nach ...
From my point of view ...	Nach meiner Auffassung ...
In my eyes ...	In meinen Augen ....
I presume/assume that ...	Ich nehme an/vermute, dass ...
As I see it ...	So wie ich das sehe ...
I am persuaded that ...	Ich bin überzeugt, dass ...
I am positive that ...	Ich bin (mir) ganz sicher, dass ...
The first reason for this I would like to mention is ...	Der erste Grund hierfür, den ich erwähnen möchte, ist ...
Second/secondly there is ... to talk about.	Zweitens sollten wir über ... sprechen.
In addition, we shouldn't forget that ...	Zusätzlich sollten wir nicht vergessen, dass ...
Furthermore ...	Ferner/des Weiteren ...
Moreover ...	Darüber hinaus ...
I would like to add ...	Ich würde gerne ... hinzufügen.
Not only ... but also ...	Nicht nur ... sondern auch.
On the one hand ... on the other hand ...	Einerseits ... andererseits ...

8

In general ...	Im Allgemeinen ...
Generally speaking ...	Allgemein gesprochen ...
On the whole ...	Im Großen und Ganzen ...
All in all ...	Alles in allem ...
Nevertheless I should not forget to mention ...	Nichtsdestotrotz sollte ich nicht vergessen zu erwähnen ...
In spite of ...	Trotz ...
Despite the fact that ...	Trotz der Tatsache, dass ...
However ...	Aber/trotzdem/jedoch ...
Although ...	Obwohl ...
Instead of ...	Statt/anstatt ...
Instead, ...	Stattdessen ...
Therefore ...	Deshalb/deswegen ...
For that reason ...	Aus diesem Grund ...
I am not at all convinced.	Ich bin überhaupt nicht davon überzeugt.
I am not quite sure if I can agree.	Ich bin nicht ganz sicher, ob ich dem zustimmen kann.
What if you are wrong?	Was ist, wenn Sie sich irren?
Could it be that you got something wrong here?	Könnte es sein, dass Sie hier etwas falsch verstanden haben?
I am afraid I cannot follow your argument.	Ich fürchte, ich kann Ihrem Argument nicht folgen.
Could you please go more into detail?	Könnten Sie bitte mehr ins Detail gehen?
Wouldn't it be better if we stuck to the subject?	Wäre es nicht besser, wenn wir beim Thema blieben?
It might be better if ...	Es wäre vielleicht besser, wenn ...
What about Mr. Fielding's proposal?	Was ist mit Herrn Fieldings Vorschlag?
Shouldn't we take into account other opinions on this subject?	Sollten wir nicht andere Meinungen zu diesem Thema berücksichtigen?

8

Maybe you should consider what Ms. Green said earlier.	Vielleicht sollten Sie bedenken, was Frau Green vorhin gesagt hat.
Why don't you tell us more about ...?	Warum erzählen Sie uns nicht mehr zu ... ?
I agree with most of what you presented here, yet don't you think that ...	Dem meisten von dem, was Sie hier vorgestellt haben, stimme ich zu, aber denken Sie nicht, dass ...
Have you thought about looking at this problem from a different angle?	Haben Sie daran gedacht, dieses Problem aus einem anderen Blickwinkel zu betrachten?
Everything you said is fine, but one could also take other aspects into account.	Was Sie gesagt haben, ist schön und gut, aber man könnte auch andere Aspekte in Betracht ziehen.
I wonder if you have taken into account that ...	Ich frage mich, ob Sie berücksichtigt haben, dass ...
Aren't there more sides to this issue?	Hat diese Angelegenheit nicht mehrere Seiten?
You are right with what you are saying.	Sie haben recht, mit dem was Sie sagen.
Yes, you could also look at it from this point of view.	Ja, Sie könnten es auch aus dieser Sicht sehen.
Let me see!	Lassen Sie mich überlegen!
Yes, you could actually be right.	Ja, Sie könnten tatsächlich recht haben.
No, I think you are mistaken.	Nein, ich denke, dass Sie hier falsch liegen.
Really, I am convinced that one couldn't say it this way at all.	Wirklich, ich bin davon überzeugt, dass man das so überhaupt nicht sagen kann.
Are you really convinced that this is a realistic project?	Sind Sie wirklich überzeugt davon, dass es sich um ein realistisches Projekt handelt?
Excuse me, Madam/Sir, may I interrupt you?	Entschuldigen Sie, meine Dame/ mein Herr, darf ich Sie unterbrechen?

8

Sorry to break in, but ...	Tut mir leid, dass ich Sie unterbreche, aber ...
Excuse me, may I ask you a question?	Entschuldigen Sie, darf ich Ihnen eine Frage stellen?
I would like to say a few words.	Ich würde gerne einige Worte sagen.
There is something I would like to say.	Ich würde gerne etwas sagen.
It would be good if we could have other opinions on that.	Es wäre gut, wenn wir auch andere Meinungen dazu hören könnten.
If I might just addsomething?	Wenn ich dazu etwas hinzufügen dürfte?
Let me conclude with the following statement: ...	Lassen Sie mich mit der folgenden Feststellung abschließen: ...
To wrap up this discussion, ...	Um diese Diskussion zusammenzufassen ...
Before coming to a hasty decision we should leave it here.	Bevor wir zu einer übereilten Entscheidung kommen, sollten wir es hierbei belassen.
I believe that most of us are opposed to this suggestion.	Ich glaube, dass die meisten von uns diesen Vorschlag ablehnen.
I am afraid we cannot back up your proposal.	Ich befürchte, dass wir diesen Vorschlag nicht unterstützen können.
I am sorry, but we cannot support your idea.	Es tut mir leid, aber wir können Ihre Idee nicht unterstützen.
It is impossible to accept this offer.	Es ist (uns) unmöglich, dieses Angebot anzunehmen.
I am absolutely sure that this point will not be accepted.	Ich bin absolut sicher, dass dieser Punkt nicht akzeptiert werden wird.
We will definitely not pursue this option.	Wir werden diese Option auf keinen Fall weiterverfolgen.

8.3 Zustimmung/Ablehnung

8

I agree.	Ich stimme zu/bin einverstanden.
I agree with you.	Ich bin Ihrer Meinung.
I can agree with what you said.	Ich kann dem, was Sie sagen, zustimmen.
I can see his point.	Ich verstehe, was er meint.
I absolutely/completely agree with you.	Ich bin absolut/völlig Ihrer Meinung.
We have come to an agreement.	Wir sind zu einer Übereinstimmung gelangt./Wir sind uns einig.
Yes, you are right.	Ja, Sie haben recht.
Maybe you are right.	Vielleicht haben Sie recht.
This is a very good concept.	Dies ist ein sehr gutes Konzept.
This is a great idea.	Das ist eine großartige Idee.
I hope that we can continue on such good terms.	Ich hoffe, dass wir unser gutes Verhältnis weiterhin aufrechterhalten können.
I am definitely positive that this is correct.	Ich bin absolut sicher, dass das richtig ist.
I sympathize with your ideas very much.	Ich bin von Ihren Ideen sehr angetan.
I can support your concept.	Ich kann Ihr Konzept unterstützen.
This is exactly how I see it.	Genauso sehe ich es.
This is exactly my opinion.	Das ist genau meine Meinung.
Me too, I think that this is the only feasible way.	Auch ich denke, dass das der einzig gangbare Weg ist.
In my opinion this is the best solution.	Meiner Meinung nach ist dies die beste Lösung.
We couldn't have found a better solution.	Wir hätten keine bessere Lösung finden können.
That's what I think.	Das ist genau, was ich denke.
These are exactly my words.	Das sind genau meine Worte.

8

There is no need to worry.	Es gibt keinen Grund zur Sorge.
I disagree.	Ich stimme nicht zu./Ich bin anderer Meinung.
I disagree with you.	Ich bin anderer Meinung als Sie.
We do not agree.	Wir stimmen nicht zu.
I cannot share your point of view.	Ich kann Ihre Ansicht nicht teilen.
I don't think I can agree with your idea.	Ich denke nicht, dass ich Ihrer Idee zustimmen kann.

INFO

Im Englischen kann das Hilfsverb "do" vor das eigentliche Verb gesetzt werden, um es stärker zu betonen. So heißt "I do think ...", „Ich denke wirklich ...". "I do feel bad about this." drückt also nicht nur eine Entschuldigung aus, sondern beinhaltet auch die Beteuerung „Es tut mir wirklich leid!".

I am absolutely opposed to his point of view.	Ich bin absolut gegen seine Ansicht.
In my opinion, his figures are wrong.	Meiner Meinung nach sind seine Zahlen falsch.
As a matter of fact, I am convinced that you are on the wrong track.	Ehrlich gesagt bin ich davon überzeugt, dass Sie auf dem falschen Weg sind.
Actually, I do think that you are mistaken.	Eigentlich denke ich wirklich, dass Sie sich irren.
No, I believe that you are wrong.	Nein, ich glaube, dass Sie falsch liegen.
I absolutely/completely disagree with you.	Ich kann Ihnen absolut/ überhaupt nicht zustimmen.
To be honest, don't you think that his suggestion is more realistic?	Um ehrlich zu sein, denken Sie nicht, dass sein Vorschlag realistischer ist?

8

I'm afraid that we cannot come to an agreement.	Ich fürchte, wir können zu keiner Übereinstimmung kommen.
We still have our doubts about the increase in sales.	Wir haben immer noch Zweifel an einer Verkaufssteigerung.
I doubt that you have considered everything.	Ich bezweifle, dass Sie alles in Betracht gezogen haben.
I can't quite agree with your statement.	Ich kann Ihrer Feststellung nicht ganz zustimmen.
I am afraid that I cannot share your point of view.	Ich fürchte, dass ich Ihre Ansicht nicht teilen kann.
I am sorry to say that you are gravely mistaken.	Leider muss ich Ihnen sagen, dass Sie sich sehr irren.
I am sorry, but I disagree entirely.	Es tut mir leid, aber ich bin ganz anderer Meinung.
We can not agree at all.	Wir können überhaupt nicht zustimmen.
I would like to contradict you in this point.	In diesem Punkt würde ich Ihnen gerne widersprechen.
I really have to contradict you here.	Hier muss ich Ihnen wirklich widersprechen.
I am afraid we cannot support your proposal.	Ich fürchte, wir können Ihren Vorschlag nicht unterstützen.
Unfortunately we have to reject your offer.	Leider müssen wir Ihr Angebot ablehnen.
We cannot back up your suggestion.	Wir können Ihren Vorschlag nicht unterstützen.
In principle, I disagree with your concept, but there are certain points with which I can agree.	Im Prinzip stimme ich mit Ihrem Konzept nicht überein, aber einigen Punkten kann ich zustimmen.
I can see what you mean, yet I still think ...	Ich verstehe, was Sie meinen, aber trotzdem denke ich ...
I think that your proposition is very good, however, ...	Ich denke, dass Ihr Antrag sehr gut ist, dennoch ...
I can agree with you on this point, but ...	Ich stimme Ihnen in diesem Punkt zu, aber ...

8

Although I respect your attitude towards this development, I still think ...	Obwohl ich Ihre Einstellung gegenüber dieser Entwicklung respektiere, denke ich ...
Even though I can understand what you mean, I am opposed to your strategy.	Obwohl ich verstehe, was Sie meinen, lehne ich Ihre Strategie ab.
Although I am not convinced that this is feasible, I believe that we should give it a try.	Obwohl ich nicht überzeugt bin, dass das machbar ist, glaube ich, dass wir einen Versuch wagen sollten.
Wouldn't it be better if we tried to settle on a compromise?	Wäre es nicht besser, wenn wir versuchten, uns auf einen Kompromiss zu einigen?
What about leaving the differences aside and finding a solution?	Wie wäre es, wenn wir die Meinungsverschiedenheiten beiseite ließen und eine Lösung fänden?
Why can't we decide on the most important issues today and postpone everything else to the next meeting?	Warum können wir nicht über die wichtigsten Punkte heute entscheiden und alles andere auf die nächste Besprechung verschieben?
Would you be willing to support such a proposition?	Würden Sie einen solchen Antrag unterstützen?
Do you think that this would be satisfactory?	Denken Sie, dass dies zufriedenstellend wäre?
Would you have any objections to this idea?	Hätten Sie Einwände gegen diese Idee?
This should be negotiable, don't you think?	Darüber sollten wir verhandeln können, denken Sie nicht?
Would you be prepared to accept this offer?	Wären Sie bereit, dieses Angebot anzunehmen?
If you don't try to understand our point of view, we will not be willing to strike a compromise.	Wenn Sie nicht versuchen, unseren Standpunkt zu verstehen, werden wir nicht bereit sein, einen Kompromiss zu finden.
Provided that ..., I will accept your conditions.	Vorausgesetzt, dass ..., werde ich Ihre Bedingungen akzeptieren.

His solution is as good as mine.	Seine Lösung ist so gut wie meine.
I assume that, in fact, my example is less realistic than yours.	Ich nehme an, dass mein Beispiel in der Tat weniger realistisch ist als Ihres.
This sounds good to me and I think I can accept it.	Das klingt gut und ich denke, ich kann es akzeptieren.
Good then, I will accept your suggestion.	Also gut, ich werde Ihren Vorschlag annehmen.
I am glad that we found a common solution.	Ich bin froh, dass wir eine gemeinsame Lösung gefunden haben.
No, we will not support this compromise.	Nein, wir werden diesen Kompromiss nicht unterstützen.
I still have to reject your offer.	Ich muss Ihr Angebot immer noch zurückweisen.
That's all I have to say.	Das ist alles, was ich zu sagen habe.
This is my last offer.	Das ist mein letztes Angebot.
There is no way that you can convince me.	Sie werden es nie schaffen, mich zu überzeugen.
There is no chance that we will give in.	Wir werden nie nachgeben.
He won't ever agree.	Er wird niemals zustimmen.
We will never say yes.	Wir werden nie ja sagen.
You are wrong when you are saying that imports will become easier in the future.	Sie liegen falsch, wenn Sie sagen, dass Importgeschäfte in Zukunft einfacher sein werden.

Business Situations (1)

Business Appointments

A: This is a very interesting point you've brought up. Unfortunately, I don't have time to talk about it now.	A: Das ist ein sehr interessanter Punkt, den Sie da angeschnitten haben. Leider habe ich jetzt keine Zeit, mich darüber zu unterhalten.
Why don't we meet early next week to discuss the matter further?	Warum treffen wir uns nicht Anfang nächster Woche, um diese Sache näher zu besprechen?
B: Excellent idea. What about one o'clock on Monday?	B: Eine ausgezeichnete Idee. Wie wäre es mit 13 Uhr am Montag?
A: Fine. See you then.	A: Gut. Bis dann.
B: Goodbye!	B: Auf Wiedersehen!

Meeting

A: Right, it's time to start our meeting. First of all, I would like us to agree on the agenda of which you have all received a copy.	A: Also, es ist Zeit, mit der Besprechung anzufangen. Zuerst sollten wir uns auf die Tagesordnung einigen, von der Sie alle eine Kopie erhalten haben.
B: That seems fine.	B: Einverstanden.
A: As you know, our objective today is to negotiate with you the contract for the advertising campaign. I would like to start with the first item on the agenda wich concerns the time frame involved.	A: Wie Sie wissen, ist es unser heutiges Ziel, einen Vertrag über die Werbekampagne auszuhandeln. Ich möchte mit dem ersten Punkt auf der Tagesordnung beginnen, der den Zeitrahmen der Kampagne betrifft.
B: To complete the campaign, we would need about ten weeks.	B: Um die Kampagne fertigzustellen, würden wir etwa zehn Wochen benötigen.

INFO

9. Konversation

9.1 Begrüßung/Erste Begegnung

Mr .../Ms ...?	Herr .../Frau ...?
Excuse me, are you ...?	Entschuldigen Sie, sind Sie ...?
Hello, you must be Mr/ Ms ...	Hallo, Sie müssen Herr/ Frau ... sein.
Pleased to meet you.	Freut mich, Sie kennenzulernen.
I'm ...	Ich bin ...
I'm glad to meet you, too.	Freut mich ebenfalls, Sie kennenzulernen.
I'm honoured to meet you.	Es ist mir eine Ehre, Sie kennenzulernen.
I'm delighted to meet you.	Sehr erfreut, Sie kennenzulernen.
The pleasure is mine.	Ganz meinerseits.
Glad to meet you, too.	Ganz meinerseits.

9.2 Jemanden vorstellen

I'd like you to meet ...	Ich möchte, dass Sie ... kennenlernen.
Let me introduce you to ...	Darf ich Ihnen ... vorstellen?
May I introduce you to ...?	Darf ich Ihnen ... vorstellen?
Do you happen to know ...?	Kennen Sie bereits ...?
I'm honoured to meet you.	Es ist mir eine Ehre, Sie kennenzulernen.
I'm delighted to meet you.	Sehr erfreut, Sie kennenzulernen.
I'm very pleased to meet you.	Sehr erfreut, Sie kennenzulernen.
Nice to meet you.	Es freut mich, Sie kennenzulernen.

9

I'm very pleased to make your acquaintance.	Sehr erfreut, Ihre Bekanntschaft zu machen.
I'd be honoured if you ...	Es wäre mir eine Ehre, wenn Sie ...
This is ... I've been telling you about.	Das ist ... , von dem/der ich Ihnen erzählt habe.
Come and join us!	Kommen Sie und leisten Sie uns Gesellschaft!
Any friend of ...'s is a friend of mine.	...s Freunde sind auch meine Freunde.

9.3 Eine(n) Bekannte(n) begrüßen

Hello ..., good to see you again.	Hallo ..., schön, Sie wiederzusehen.
Nice to see you again.	Schön, Sie wiederzusehen.
How do you do?	Guten Tag.
Hello, how are you?	Hallo, wie geht es Ihnen?
How are things?	Wie läuft es so?
How's work?	Wie ist die Arbeit?
How are you keeping?	Wie geht es bei Ihnen so?
How about you?	Und Ihnen?
Fine, thanks.	Danke, gut.
I'm very well.	Mir geht es sehr gut.
Great.	Großartig.
Not so bad, thanks.	Ganz gut, danke.
OK, thanks.	Gut, danke.
I've been very busy.	Ich war sehr beschäftigt./ Ich hatte viel zu tun.
Very busy, as usual.	Ich bin wie immer sehr beschäftigt.
No complaints.	Kein Grund zur Klage.
Can't complain.	Ich kann mich nicht beschweren.
Pretty good, thanks.	Ziemlich gut, danke.

Things could be worse.	Es könnte schlimmer sein.
So-so.	So lala.
Well, surviving, thanks.	Mittelprächtig.
Not so good, actually.	Eigentlich nicht so gut.
And you?	Und Sie?
All right. It's been some time.	Gut. Es ist schon lange her, dass wir uns gesehen habe.
I haven't seen you for a while.	Ich habe Sie eine Weile nicht gesehen.

9.4 Miteinander bekannt werden

What is your occupation?	Was sind Sie von Beruf?
What do you do?	Was machen Sie (beruflich)?
I'm assistant director of sales.	Ich bin stellvertretender Direktor der Verkaufsabteilung.
And what do you do?	Und was machen Sie (beruflich)?
I'm (working) in finance.	Ich arbeite im Finanzwesen.
I used to ..., now I ...	Früher habe ich ..., heute ...
What do you do in your spare time?	Was machen Sie in Ihrer Freizeit?
What do you do at the weekend?	Was machen Sie am Wochenende?
How do you spend your weekends?	Wie verbringen Sie Ihre Wochenenden?
Have you got a hobby?	Haben Sie ein Hobby?
What are your hobbies?	Welche Hobbys haben Sie?
I love ... in my spare time.	Ich ... sehr gern in meiner Freizeit.
It's very relaxing.	Es ist sehr entspannend.
It's very absorbing.	Es füllt mich sehr aus.
Are you interested in sports?	Interessieren Sie sich für Sport?
What kind of sports do you do?	Welche Sportarten betreiben Sie?

9

Yes, I'm interested in most kinds of sports and enjoy playing tennis myself.	Ja, ich interessiere mich für die meisten Sportarten und bin selbst begeisterter Tennisspieler.
What do you enjoy reading?	Was lesen Sie gern?
I like non-fiction.	Ich lese gern Sachbücher.
I enjoy reading the daily papers.	Ich lese gern die Tageszeitungen.
What are you reading at the moment?	Was lesen Sie denn im Moment?
Who's your favourite author?	Wer ist Ihr Lieblingsschriftsteller?
I love ...'s books.	Ich liebe die Bücher von ...
This book reads well.	Dieses Buch liest sich sehr gut.
Have you read the editorial today?	Haben Sie heute den Leitartikel gelesen?
The editorial is very controversial today.	Der Leitartikel ist heute sehr kontrovers.

9.5 Sich verabreden

Do let me invite you to ...	Darf ich Sie zu ... einladen?
May I come and visit you?	Darf ich Sie besuchen kommen?
I think we should meet.	Ich glaube, wir sollten uns treffen.
How about meeting in ...?	Wie wäre es, wenn wir uns in ... treffen würden?
What about meeting after ...?	Vielleicht können wir uns nach ... treffen?
Would you like to meet for lunch?	Sollen wir gemeinsam zu Mittag essen?
I suggest that I come and meet you at ...	Ich schlage vor, ich treffe Sie in/ bei ...
When could we meet?	Wann könnten wir uns treffen?
When would it suit you?	Wann würde es Ihnen passen?
Is next Thursday OK with you?	Passt es Ihnen nächsten Donnerstag?

How about ...?	Wie wäre es mit ...?
Could we make it a bit earlier/later?	Ginge es etwas früher/ später?
Should we say Tuesday at 3 pm?	Sollen wir Dienstag um 15 Uhr sagen?
Where shall we meet?	Wo sollen wir uns treffen?

9

9.6 Gemeinsame Unternehmungen

I would like to visit the museum.	Ich würde gern das Museum besuchen.
There are some very interesting galleries in the city centre.	Es gibt einige sehr interessante Galerien in der Innenstadt.
I would like to see the exhibition about French Impressionism.	Ich würde gern die Ausstellung über den französischen Impressionismus besuchen.
Have you already visited the cathedral?	Haben Sie schon die Kathedrale besucht?
Let's take a look at the sights.	Lassen Sie uns die Sehenswürdig-keiten besichtigen.
Why don't we get through the cultural part first?	Warum nehmen wir uns nicht zuerst den kulturellen Teil vor?
There's so much to see at the ... museum.	Es gibt im ... Museum so viel zu sehen.
I never pass an opportunity to visit it.	Ich lasse nie eine Gelegenheit aus, es zu besuchen.
The current exhibition has received major exposures in the press.	Die aktuelle Ausstellung hat einen großen Anklang in der Presse erfahren.
Would you like a guide?	Hätten Sie gern einen Führer?
I'll take a catalogue.	Ich nehme einen Katalog mit.
We'll tackle this gallery first.	Nehmen wir uns diese Galerie zuerst vor.
Let's go to the cinema this evening.	Lassen Sie uns heute Abend ins Kino gehen.

9

What do you think about going to the cinema?	Was halten Sie davon, ins Kino zu gehen?
What's on at the moment?	Was läuft im Moment?
That film (AE: movie) is very popular at the moment.	Der Film ist im Moment sehr populär.
The film has received very good reviews.	Der Film hat sehr gute Kritiken bekommen.
We should ring and reserve tickets.	Wir sollten telefonisch Karten reservieren.
I've seen that film before.	Ich habe diesen Film schon gesehen.
I'd love to see that film.	Ich würde diesen Film gern sehen.
Did you enjoy the film?	Hat Ihnen der Film gefallen?
I really enjoyed the film.	Mir hat der Film sehr gut gefallen.
I think it's overrated.	Ich glaube, er wird überschätzt.
The acting was good.	Die schauspielerischen Leistungen waren gut.
The plot was rather weak.	Die Handlung war etwas schwach.
The performance was a success.	Die (Theater-)Aufführung war ein Erfolg.
It's a very old play.	Es ist ein sehr altes Theaterstück.
This is a controversial production.	Die Inszenierung ist umstritten.
The set was wonderful.	Das Bühnenbild war fantastisch.
I was very impressed by the acting.	Die schauspielerische Leistung hat mich sehr beeindruckt.
The acting was not very convincing.	Die schauspielerische Leistung war nicht sehr überzeugend.
An unknown actress is cast in the leading role.	Die Hauptrolle hat eine unbekannte Schauspielerin.
The play has a well-known cast.	Das Stück ist mit bekannten Schauspielern besetzt.
The main actor was fantastic, but the supporting actress nearly stole the show.	Der Hauptdarsteller war herausragend, aber die Nebendarstellerin hat ihm fast die Show gestohlen.
She's very promising.	Sie ist sehr vielversprechend.

9.7 Sich verabschieden

Goodbye.	Auf Wiedersehen.
Have a good journey.	Gute Reise.
Give my regards to ...	Grüßen Sie ... von mir.
See you again soon!	Bis bald!
Say hello to ... from me.	Grüßen Sie ... von mir.
I'll take you to the ...	Ich bringe Sie noch zu ...
I enjoyed it very much.	Es hat mir sehr gut gefallen.
When are you leaving?	Um wie viel Uhr reisen Sie ab?
I've got to catch an early flight tomorrow morning.	Ich muss morgen einen frühen Flug nehmen.
See you then!	Bis dann!
I'll be back in touch once ...	Ich melde mich bei Ihnen sobald ...
I definitely look forward to hearing from you.	Ich freue mich wirklich darauf, von Ihnen zu hören.
I'm really looking forward to it.	Ich freue mich schon darauf.
It was nice to see you again.	Es hat mich gefreut, Sie wiederzusehen.
Nice to meet you, too.	Es hat mich auch gefreut.
You're leaving already?	Sie gehen schon?
I'm sorry I didn't get more of a chance to speak to you.	Es tut mir leid, dass ich nicht mehr Gelegenheit hatte, mit Ihnen zu reden.
I'm sure we'll have more opportunities later.	Ich bin sicher, dass wir dazu später noch Gelegenheit haben werden.
It's been a pleasure talking to you.	Es war mir ein Vergnügen, mich mit Ihnen zu unterhalten.
Here's my card.	Hier ist meine Karte.
And do take mine.	Und hier ist meine.
I can put you in touch with some useful contacts.	Ich kann Ihnen einige nützliche Kontakte vermitteln.

9

I'll be pleased to see you whenever you get over to London.	Es würde mich freuen, Sie wiederzusehen, wenn Sie einmal wieder nach London kommen.
It's been very lovely talking to you, but I'm afraid I really have to go now.	Es war sehr schön, mit Ihnen zu reden, aber ich muss jetzt wirklich gehen.
We'll have to get together again soon.	Wir müssen uns unbedingt bald einmal wieder treffen.
Give me a ring when you're free.	Rufen Sie mich an, wenn Sie Zeit haben.

INFO

Wenn Sie von Ihrem ausländischen Geschäftspartner nach Hause eingeladen werden, ist das eine große Ehre. Das Treffen außerhalb der Geschäftszeiten dient dem Aufbau einer persönlichen Geschäftsbeziehung und ihrer Vertiefung. Es ist mancherorts eine absolute Ausnahme, in anderen Ländern dagegen geradezu Pflichtprogramm.

Geschäftsbeziehungen wollen intensiv gepflegt werden. Deswegen sprechen Sie auf eine Einladung möglichst auch immer eine Gegeneinladung aus, und denken Sie stets an ein angemessenes Gastgeschenk.

Business Situations (2)

Introduction

A: May I introduce you to Tim Tender?	A: Darf ich Ihnen Tim Tender vorstellen?
B: Hello, nice to meet you.	B: Guten Tag. Es freut mich sehr, Sie kennenzulernen.
A: And this is my husband Peter. Peter this is Susan I've been telling you about.	A: Und das ist mein Mann Peter. Peter das ist Susan, von der ich dir erzählt habe.
B: Hello, I'm very pleased to meet you!	B: Hallo, sehr erfreut, Sie kennenzulernen!
C: Hello, are you my wife's colleague?	C: Guten Tag. Sind Sie die Kollegin meiner Frau?

Talking about Work

A: What is your occupation?	A: Was machen Sie beruflich?
B: I work in the personnel department of a large insurance company.	B: Ich arbeite in der Personalabteilung einer großen Versicherungsfirma.
A: That sounds interesting! Can you describe your job in more detail?	A: Das hört sich interessant an! Worin besteht Ihre Aufgabe im Einzelnen?
B: I'm mainly responsible for recruiting new employees.	B: Ich bin hauptsächlich für die Einstellung neuer Mitarbeiter zuständig.

INFO

10

10. Berufsbezeichnungen

10.1 Englisch/Deutsch

accountant	Buchhalter(in), Rechnungsprüfer(in)
account manager	Kundenbetreuer(in)
administrative manager	Verwaltungsdirektor(in), Geschäftsführer(in)
advertising director/manager	Leiter(in) der Werbeabteilung, Werbeleiter(in)
agent	Vertreter(in)
area manager	Bereichsleiter(in), Gebietsleiter(in)
assistant ...	...assistent(in), stellvertretende(r) ...
auditor	Wirtschaftsprüfer(in), Rechnungsprüfer(in)
bank director/manager	Bankdirektor(in)
branch manager	Filialleiter(in), Zweigstellenleiter(in)
broker	(Börsen-)Makler(in), Broker(in)
business (sales) manager	kaufmännische(r) Direktor(in)
business consultant	Unternehmensberater(in)
buyer	Einkäufer(in)
chairman	Vorsitzender, Präsident
chairperson	Vorsitzende(r), Präsident(in)
chairperson of the board (of directors)	Vorstandsvorsitzende(r)
chairperson of the supervisory board	Aufsichtsratsvorsitzende(r)
chairperson and managing director (UK)	Vorstandsvorsitzende(r)
chairwoman	Präsidentin, Vorsitzende
chief ...	Chef..., Haupt..., leitende(r) ...

chief accountant	Hauptbuchhalter(in), Leiter(in) der Buchhaltung
chief engineer	leitende(r) Ingenieur(in)
chief executive (officer) (US) CEO	Hauptgeschäftsführer(in), Vorstandsvorsitzende(r)
chief financial officer (US) CFO	Leiter(in) der Finanzabteilung
civil servant	Staatsbedienstete(r), Beamte(r)
commercial representative	Handelsvertreter(in)
consultant	Berater(in)
copywriter	Werbetexter(in)
customer relations manager	Kundendienstleiter(in)
customer service manager	Kundendienstleiter(in)
data processing manager	Leiter(in) der EDV-Abteilung, Leiter(in) des Rechenzentrums
departmental manager	Abteilungsleiter(in), Referatsleiter(in)
department head	Abteilungsleiter(in), Referatsleiter(in)
deputy	...assistent(in), stellvertretende(r) ...
design engineer	Konstrukteur(in)
development director/manager	Leiter(in) der Entwicklungsabteilung
development engineer	Entwicklungsingenieur(in)
director	Direktor(in), Leiter(in), Vorstandsmitglied
director general	Generaldirektor(in), Hauptgeschäftsführer(in)
director of finance	Leiter(in) der Finanzabteilung
director of marketing	Marketingleiter(in)
director of planning	Leiter(in) der Planungsabteilung
director of public relations/PR	PR-Leiter(in) der Abteilung Öffentlichkeitsarbeit
director of sales	Verkaufsleiter(in)
director of the ... department	Abteilungsleiter(in) ...
distribution director/manager	Vertriebsleiter(in)

10

district manager	Gebietsleiter(in), Bezirksleiter(in)
divisional director/manager	Geschäftsbereichsleiter(in)
editor	Redakteur(in)
editor-in-chief, editor in charge	Chefredakteur(in)
employee	Angestellte(r)
engineer	Ingenieur(in)
engineering manager	Leiter(in) der technischen Abteilung
export director/manager	Leiter(in) der Exportabteilung
factory manager	Fabrikdirektor(in), Werksleiter(in)
field sales manager	Außendienstleiter(in)
financial manager	Leiter(in) der Finanzabteilung
general (executive) manager GM	Generaldirektor(in), leitende(r) Direktor(in), Geschäftsführer(in)
head	Chef(in), Leiter(in), Direktor(in)
head of department/division/section	Abteilungsleiter(in)
head of staff	Personalleiter(in), Leiter(in) der Personalabteilung
human resources manager	Leiter(in) der Personalabteilung, Personalleiter(in),
import director/manager	Leiter(in) der Importabteilung
lawyer, solicitor; attorney (US)	Rechtsanwalt/Rechtsanwältin
lecturer	Dozent(in), Lektor(in)
logistics manager	Leiter(in) der Logistikabteilung
management consultant	Unternehmensberater(in)
manager	Geschäftsführer(in), (Abteilungs-) Leiter(in)
managing director (UK) MD	geschäftsführende(r) Direktor(in), Hauptgeschäftsführer(in)
managing partner	geschäftsführende(r) Gesellschafter(in)
marketing (and sales) manager	Verkaufsleiter(in), Vertriebsleiter(in)
marketing assistant	Assistent(in) der Marketingabteilung

marketing manager	Leiter(in) der Marketingabteilung
office manager	Geschäftsstellenleiter(in)
office staff	Bürokräfte
partner	Gesellschafter(in), Teilhaber(in), Partner(in)
personal assistant to managing director (UK)	Sekretär(in) der Geschäftsleitung, Direktionsassistent(in)
personnel director/	Personalleiter(in)
manager planning director	Leiter(in) der Planungsabteilung
plant manager	Fabrikdirektor(in), Werksdirektor(in)
president	Vorstandsvorsitzende(r)
press officer	Pressereferent(in), Pressesprecher(in)
principal	Direktor(in)
private secretary	Privatsekretär(in)
product manager	Produktmanager(in), Produktbetreuer(in)
production director/manager	Fertigungsleiter(in), Produktions-leiter(in), Betriebsleiter(in)
programmer	Programmierer(in)
project leader/manager	Projektleiter(in)
public relations/	Leiter(in) der Abteilung
PR director	Öffentlichkeitsarbeit, Leiter(in) der PR-Abteilung, Pressesprecher(in)
public servant	Staatsbedienstete(r), Beamte(r)
publicity manager	Werbeleiter(in)
purchasing executive/officer	Einkäufer(in)
purchasing manager	Einkaufsleiter(in), Leiter(in) der Abteilung Einkauf
regional director/manager	Bezirksleiter(in), Gebietsleiter(in)
research director/manager	Leiter(in) der Forschungsabteilung
sales director/manager	Verkaufsleiter(in), Vertriebsleiter(in)

10

sales engineer	Verkaufsingenieur(in), Vertriebsingenieur(in)
salesman	Verkäufer
salesperson	Verkäufer(in)
sales representative	Handelsvertreter(in), Verkäufer(in)
saleswoman	Verkäuferin
semi-skilled worker	angelernte(r) Arbeiter(in)
senior manager	leitende(r) Mitarbeiter(in)
service manager	Leiter(in) der Kundendienstabteilung
shareholder (UK)	Aktionär(in), Anteilseigner(in)
shipping agent	Spediteur(in)
skilled worker	Facharbeiter(in)
special assistant to managing director	Sekretär(in) der Geschäftsleitung, Direktionsassistent(in) mit besonderen Aufgaben
staff director/manager	Leiter(in)/Direktor(in) der Personalabteilung, Personalleiter(in), Personalchef(in)
stockholder (US)	Aktionär(in), Anteilseigner(in)
(computer) systems manager	Leiter(in) der EDV-Abteilung
team leader	Gruppenleiter(in), Teamleiter(in)
technical director/manager	technische(r) Direktor(in)/Leiter(in)
treasurer (US)	Finanzdirektor(in)
unskilled worker	ungelernte Arbeitskraft
vice chairman, vice president (US)	stellvertretende(r) Generaldirektor(in)
works manager	Werksleiter(in), Fabrikdirektor(in)

10.2 Deutsch/Englisch

Abteilungsleiter(in)	department head, (departmental) manager
Abteilungsleiter(in) ...	director of the ... department, head of the ... department/division/Section
Aktionär(in)	shareholder (UK), stockholder (US)
angelernte(r) Arbeiter(in)	semi-skilled worker
Angestellte(r)	employee
Assistent(in)	assistant
...assistent(in)	assistant ..., deputy ...
Assistent(in) der Marketingabteilung	marketing assistant
Aufsichtsratsvorsitzende(r)	chairperson of the supervisory board
Außendienstleiter(in)	field sales manager
Bankdirektor(in)	bank director/manager
Beamte(r)	civil servant, public servant
Berater(in)	consultant
Bereichsleiter(in)	area manager
Betriebsleiter(in)	production director/manager
Bezirksleiter(in)	district manager, regional director/manager
Börsenmakler(in)	broker
Buchhalter(in)	accountant
Bürokräfte	office staff
Chefredakteur(in)	editor-in-chief
Direktionsassistent(in)	personal assistant to managing director (UK)
Direktor(in)	director, principal lecturer
Dozent(in)	
Einkäufer(in)	buyer, purchaser, purchasing executive/ officer

10

Einkaufsleiter(in)	purchasing manager
Entwicklungsingenieur(in)	development engineer
Fabrikdirektor(in)	factory/plant manager
Facharbeiter(in)	skilled worker
Filialleiter(in)	branch manager
Finanzdirektor(in)	treasurer (US)
Gebietsleiter(in)	district manager, area manager
Generaldirektor(in)	director general; managing director (UK) MD, chief executive (officer) CEO
Geschäftsbereichsleiter(in)	divisional director/manager
Gesellschafter(in)	partner, director
geschäftsführende(r) Direktor(in)	managing director (UK)
geschäftsführende(r) Gesellschafter(in)	MD, chief executive (officer) (US) CEO managing partner
Geschäftsführer(in)	manager
Geschäftsstellenleiter(in)	office manager
Gruppenleiter(in)	team leader
Handelsvertreter(in)	commercial representative, sales representative
Hauptbuchhalter(in)	chief accountant
Hauptgeschäftsführer(in)	general (executive) manager GM, managing director (UK) MD
Ingenieur(in)	engineer
kaufmännische(r) Direktor(in)	business (sales) manager
Konstrukteur(in)	design engineer
Kundenbetreuer(in)	account manager
Kundendienstleiter(in)	customer relations/service manager
leitende(r) Ingenieur(in)	chief engineer
leitende(r) Mitarbeiter(in)	senior manager
Leiter(in) der Abteilung Öffentlichkeitsarbeit	public relations director, PR director

Leiter(in) der EDV-Abteilung	data processing manager, (computer) systems manager
Leiter(in) der Entwicklungsabteilung	development director/manager
Leiter(in) der Exportabteilung	export director/manager
Leiter(in) der Finanzabteilung	director of finance, financial manager, chief financial officer
Leiter(in) der Forschungsabteilung	research director/manager
Leiter(in) der Importabteilung	import manager
Leiter(in) der Kundendienstabteilung	customer service manager
Leiter(in) der Logistikabteilung	logistics manager
Leiter(in) der Marketingabteilung	marketing manager
Leiter(in) der Personalabteilung	personnel director/manager, staff director/manager, human resources manager
Leiter(in) der Planungsabteilung	director of planning, planning director
Leiter(in) des Rechenzentrums	data processing manager, (computer) systems manager
Leiter(in) der technischen Abteilung	engineering manager
Leiter(in) der Werbeabteilung	advertising director/manager
Marketingleiter(in)	director of marketing
Personalleiter(in)	head of staff, human resources manager, personnel director/manager
Präsident(in)	chairman, chairwoman, chairperson
Pressesprecher(in)	press officer, PR director
Privatsekretär(in)	private secretary
PR-Leiter(in)	director of public relations, PR director
Produktionsleiter(in)	production director/manager
Produktmanager(in)	product manager
Programmierer(in)	programmer
Projektleiter(in)	project leader/manager

10

Rechnungsprüfer(in)	accountant, auditor
Rechtsanwalt/Rechtsanwältin	awyer, solicitor, attorney
Redakteur(in)	editor
Spediteur(in)	shipping agent
stellvertretende(r) ...	assistant ..., deputy ...
stellvertretende(r) General-direktor(in)	vice chairman, vice president (US)
technische(r) Direktor(in)/Leiter(in)	technical director/manager
Teilhaber(in)	partner, director
ungelernte Arbeitskraft	unskilled worker
Unternehmensberater(in)	business/management consultant
Verkäufer(in)	salesman, saleswoman, salesperson
Verkaufsleiter(in)	director of sales, sales director/manager, marketing (and sales) manager
Vertreter(in)	agent
Vertriebsleiter(in)	distribution director/manager, sales director/manager
Verwaltungsdirektor(in)	administrative manager
Vorsitzende(r)	chairman, chairwoman, chairperson
Vorstandsvorsitzende(r)	chairman/chairwoman/chairperson of the board (of directors) chairman/chairwoman/chairperson and managing director (UK)
Werbeleiter(in)	publicity manager, advertising director/manager
Werbetexter(in)	copywriter
Werksleiter(in)	factory/plant/works manager
Wirtschaftsprüfer(in)	auditor
Zweigstellenleiter(in)	branch manager

Rätsel-Spaß

4. A Succesful Interview
Match the questions to the answers.

1. Why are you leaving your present job? ☐
2. How do you evaluate success? ☐
3. What are your salary expectations? ☐
4. What do people most criticize about you? ☐
5. Do you prefer to work alone or in a team? ☐
6. Do you tell your boss if he is 100% wrong? ☐
7. What motivates you? ☐

a) I am comfortable in both situations.

b) I would like to know more about the job, please.

c) Ensuring our clients get the best service.

d) It depends on the situation and what it is about.

e) Meeting goals and having satisfied colleagues.

f) There is no on-going criticism. I learn from my mistakes.

g) There are now no new challenges for me.

5. We Have Won the Contract!
Can you find the correct verb form to complete the sentences below?

Last summer our company (a. present) _____ a bid for a project worth
€ 1,000,000. We are pleased to say that we (b. win) _____ the
project. In the competition we (c. be) _____ the best of 100 companies and we are still celebrating.

INFO

At the moment, our new project (d. take up) _____ all of our resources. All of our employees are currently working 10 hours a day.

We often (e. pay) _____ for freelancers to assist us. Recently we (f. choose) _____ to employ some of these freelancers full-time because they (g. do) _____ a good job.

6. Meeting Business Partners

Piece the sentences together for the seven golden rules to a successful business meeting.

1. Be punctual but ...   ☐
2. Do not ask too many personal questions ...   ☐
3. A business meeting is still important ...   ☐
4. Dress in a neutral coloured suit – either ...   ☐
5. Do not hold eye contact ...   ☐
6. Do not bring a personal gift ...   ☐
7. Do not rush or rush your attendants ...   ☐

a) for your business partners.

b) even when it is held in the pub over a pint.

c) a few minutes earlier is acceptable.

d) during small talk.

e) into making business decisions.

f) black, navy or dark grey.

g) for too long during business meetings.

INFO

11. Anhang

11.1 Wichtige Organisationen

Andean Community (CAN)	Gemeinschaft der Andenstaaten (CAN)
Asia-Pacific Economic Cooperation (APEC)	Asiatisch-Pazifische Wirtschaftsgemeinschaft (APEC)
Association of South East Asian Nations (ASEAN)	Verband Südostasiatischer Nationen (ASEAN)
Bank for International Settlements (BIS)	Bank für InternationalenZahlungsausgleich (BIZ)
Caribbean Community and Common Market (CARICOM)	Karibische Gemeinschaft und Gemeinsamer Markt (CARICOM)
Common Market for Eastern and Southern Africa (COMESA)	Gemeinsamer Markt für das östliche und südliche Afrika (COMESA)
Economic Community West African States (ECOWAS)	Wirtschaftsgemeinschaft Westafrikanischer Staaten (ECOWAS)
European Central Bank (ECB)	Europäische Zentralbank (EZB)
European Free Trade Association (EFTA)	Europäische Freihandelsassoziation
European Union (EU)	Europäische Union (EU)
General Agreement on Tariffs and Trade (GATT)	Allgemeines Zoll- und Handelsabkommen (GATT)
International Air Transport Association (IATA)	Internationaler Luftverkehrsverband (IATA)
International Atomic Energy Agency (IAEA)	Internationale Atomenergie-Organisation (IAEO)
International Bank for Reconstruction and Development (IBRD)	Internationale Bank für Wiederaufbau und Entwicklung (IBRD)
International Centre for Settlement of Investment Disputes (ICSID)	Internationales Zentrum für die Beilegung von Investitionsstreitigkeiten (ICSID)

International Chamber of Commerce (ICC)	Internationale Handelskammer (ICC)
International Development Association (IDA)	Internationale Entwicklungsorganisation (IDA)
International Energy Agency (IEA)	Internationale Energie-Agentur (IEA)
International Finance Corporation (IFC)	Internationale Finanz-Corporation (IFC)
International Labour Organization (ILO)	Internationale Arbeitsorganisation (IAO)
International Monetary Fund (IMF)	Internationaler Währungsfonds (IWF)
International Standards Organization (ISO)	Internationale Standardorganisation (ISO)
Mercosur (Southern Common Market)	Mercosur (Gemeinsamer Markt des Südens)
Multilateral Investment Guarantee-Agency (MIGA)	Multilaterale Investitions-Garantie-Agentur (MIGA)
North American Free Trade Agreement (NAFTA)	Nordamerikanisches Freihandelsabkommen (NAFTA)
Organization for Security and Cooperation in Europe (OSCE)	Organisation für Sicherheit und Zusammenarbeit in Europa (OSZE)
Organization for Economic opment Cooperation and Devel (OECD)	Organisation für wirtschaftliche Zusammenarbeit und Entwicklung (OECD)
Organization of Petroleum Exporting Countries (OPEC)	Organisation Erdöl exportierender Länder (OPEC)
United Nations (UN)	Vereinte Nationen (VN, UNO)
United Nations Conference on Trade and Development (UNCTAD)	Handels- und Entwicklungskonferenz der Vereinten Nationen (UNCTAD)
United Nations Industrial Development Organization (UNIDO)	Organisation der Vereinten Nationen für industrielle Entwicklung (UNIDO)
World Bank (group)	Weltbank(gruppe)
World Customs Organization (WCO)	Weltzollorganisation (WZO)
World Intellectual Property Organization (WIPO)	Weltorganisation für geistiges Eigentum (WIPO)
World Trade Organization (WTO)	Welthandelsorganisation (WTO)

11.2 Zahlen

Die Grundzahlen

0	nought, zero
1	one
2	two
3	three
4	four
5	five
6	six
7	seven
8	eight
9	nine
10	ten
11	eleven
12	twelve
13	thirteen
14	fourteen
15	fifteen
16	sixteen
17	seventeen
18	eighteen
19	nineteen
20	twenty
21	twenty-one
22	twenty-two
etc.	
30	thirty
40	forty

Die Ordnungszahlen

1st	first
2nd	second
3rd	third
4th	fourth
5th	fifth
6th	sixth
7th	seventh
8th	eighth
9th	ninth
10th	tenth
11th	eleventh
12th	twelfth
13th	thirteenth
14th	fourteenth
15th	fifteenth
16th	sixteenth
17th	seventeenth
18th	eighteenth
19th	nineteenth
20th	twentieth
21st	twenty-first
22nd	twenty-second
23rd	twenty-third
24th	twenty-fourth
25th	twenty-fifth
26th	twenty-sixth

11

50	fifty	27th	twenty-seventh
60	sixty	28th	twenty-eighth
70	seventy	29th	twenty-ninth
80	eighty	30th	thirtieth
90	ninety	40th	fortieth
100	one hundred	50th	fiftieth
101	one hundred and one	60th	sixtieth
		70th	seventieth
200	two hundred	80th	eightieth
1,000	one thousand	90th	ninetieth
1,001	one thousand and one	100th	(one) hundredth
1,000,000	one million	137th	(one) hundred and thirtyseventh
		1,000th	(one) thousandth

11.3 Konfektionsgrößen im Vergleich

Damenbekleidung

D	34	36	38	40	42	44	46	48
UK	8	10	12	14	16	18	20	22
US	4	6	8	12	14	16	18	20

Herrenbekleidung

D	44	46	48	50	52	54	56	58
UK	34	36	38	40	42	44	46	48
US	38	39	40	41	42	43	44	45

11.4 Maße und Gewichte

Seit 1996 gilt in Großbritannien parallel das internationale Einheitensystem (Système International d'Unités = SI).

Längenmaße

1 mm		0.03937079 inches
1 cm	10 mm	0.03937 inches
1 m	100 cm	3.281 feet
1 km	1000 m	0.62138 miles

1 inch		2,54 cm
1 foot	12 inches	30,48 cm
1 yard	3 feet	91,44 cm
1 mile	5280 feet	1,609 km
1 acre		4046,8 qm

Handelsgewichte

1 Tonne	1.000 kg	0.984 ton (UK)/
		1.1023 tons (US)
1 dt. Pfund	0,5 kg	
1 ounce		28,35 g
1 pound	16 ounces	453,59 g
1 ton	2,240 s. (UK)	1016,05 kg (UK)
	2,000 lbs. (US)	907,185 kg (US)
1 stone	14 pounds	6,35 kg

11

Flüssigkeitsmaße

1 l	1.7607 pints (UK)	2.1134 pints (US)
	0.8804 quarts (UK)	1.0567 quarts (US)
	0.2201 gallons (UK)	0.2642 gallons (US)

1 gill		0,142 l (UK)	0,1183 l (US)
1 pint		0,568 l (UK)	0,4732 l (US)
1 quart	2 pints	1,136 l (UK)	0,9464 l (US)
1 gallon	4 quarts	4,546 l (UK)	3,785 l (US)

Temperaturumrechnung

Grad Celsius in Grad Fahrenheit: Grad Celsius mal 9 geteilt durch 5 plus 32 Grad Fahrenheit in Grad Celsius: Grad Fahrenheit minus 32 mal 5 geteilt durch 9

Celsius °C	Fahrenheit °F	Celsius °C	Fahrenheit °F	Celsius °C	Fahrenheit °F
−20	−4	0	32	25	77
−17,8	0	5	41	30	86
−15	5	10	50	35	95
−10	14	15	59	37,8	100
−5	23	20	68		

11.5 Tipps zum Fremdsprachen lernen

Vokabeln lernen mit dem Karteikasten

Erfahrungsgemäß muss eine Vokabel bis zu sieben Mal wiederholt werden, bis sie im Langzeitgedächtnis dauerhaft gespeichert ist. So arbeiten Sie mit den Karten und den sieben Fächern:

→ Notieren Sie jede Vokabel, die Sie sich einprägen wollen, auf einer Karteikarte. Wer die Vorteile des mehrkanaligen Lernens nutzen möchte, kann eine Skizze beifügen.

→ Legen Sie die beschrifteten Karteikarten im ersten Fach ab.

→ Prägen Sie sich den Ausdruck mithilfe eines Übungssatzes bzw. einer Grammatikübung ein.

→ Noch am selben Tag folgt der erste Kontrolldurchgang: Nehmen Sie eine Karte nach der anderen und kontrollieren Sie, ob Sie die Vokabel noch beherrschen.

→ Notieren Sie die Vokabel auf einem separaten Blatt Papier und kontrollieren Sie die Schreibweise.

→ Vokabelkarten mit Vokabeln, die sie beherrschen, stecken Sie anschließend in das zweite Fach.

→ Vokabelkarten mit Vokabeln, die Sie nicht gewusst haben oder bei denen Sie Fehler gemacht haben, stecken Sie in das erste Fach, und zwar an das Ende des Stapels.

→ Nach etwa einem Tag wiederholen Sie die Vokabeln in Fach 1: Gewusste Vokabeln wandern in Fach 2, nicht gewusste verbleiben in Fach 1 ganz hinten.

→ Am nächsten Tag wiederholen Sie die Vokabeln in Fach 2. Hier gilt: Vokabeln, die Sie beherrschen, gelangen in Fach 3; Vokabeln, die Sie vergessen haben, wandern zurück in Fach 1, und zwar an das Ende des Stapels.

→ Auf diese Weise wird nach und nach der gesamte Karteikasten gefüllt; die Wörter werden ständig wiederholt und abgefragt.

11 Am besten ist es, wenn Sie sich feste Zeitintervalle setzen, innerhalb derer Sie Ihre Vokabeln trainieren. Auf der Grundlage der Vergessens- bzw. Lernkurve von Ebbinghaus haben sich folgende Zeitabstände bewährt:

Lerntag 1	Karten ausfüllen und Vokabeln lernen
Lerntag 1 – abends	Erste Wiederholung – gewusste Vokabeln werden in Fach 2 abgelegt, nicht gewusste Vokabeln am Ende des Stapels in Fach 1
Lerntag 2	Zweite Wiederholung – gewusste Vokabeln werden in Fach 3 abgelegt, nicht gewusste Vokabeln am Ende des Stapels in Fach 1
1 Woche nach dem 1. Lerntag	Dritte Wiederholung – gewusste Vokabeln werden in Fach 4 abgelegt, nicht gewusste Vokabeln am Ende des Stapels in Fach 1
1 Monat nach dem 1. Lerntag	Vierte Wiederholung – gewusste Vokabeln werden in Fach 5 abgelegt, nicht gewusste Vokabeln am Ende des Stapels in Fach 1
6 Monate nach dem 1. Lerntag	Fünfte Wiederholung – gewusste Vokabeln werden in einem Extra-Karton abgelegt, nicht gewusste Vokabeln am Ende des Stapels in Fach 1

Dabei gilt: Sobald Sie wieder neue Vokabeln in den Karteikasten füllen, müssen Sie parallel mehrere Vokabelfächer bearbeiten – die aktuellen Vokabeln in dem ersten Fach sowie die Vokabeln, die Sie in den Wiederholungsfächern abgelegt haben.